Autore: Mariano Dentice - Copertina: Spidphone
Immagini di copertina: freepik.com

Linguaggio del CORPO

2 Libri in 1

Come e Perchй il Linguaggio del Corpo
Rappresenta una Parte Fondamentale
della Nostra Comunicazione

Libro 1

LINGUAGGIO DEL CORPO:
TEORIA

Mariano Dentice

Sommario

-LIBRO 1

-LIBRO 2

INTRODUZIONE

Il linguaggio del corpo, l'utilizzo e lo studio dello stesso sono stati ignorati per un periodo lunghissimo di tempo cercando di privilegiare sempre il linguaggio verbale fatto dalle parole che comunichiamo o ascoltiamo. Eppure, la mancata attenzione prestata al linguaggio del corpo и del tutto ingiustificata e senza senso se pensiamo ai nostri primi anni di vita. Al momento della nascita fino a molti mesi dopo, non siamo in grado di comunicare verbalmente, abilita che acquisiremo solo dopo e perfezioneremo con il passare del tempo con studio ed esperienze. Ma in questo caso, come puт una mamma capire il figlio e come puт un bambino piccolo che non sa ancora parlare, comunicare con il mondo esterno per i primi 12/20 mesi della loro vita? sono completamente tagliati fuori dal mondo per quasi 2 anni? Naturalmente no. La base della comunicazione si erge infatti sul linguaggio del corpo. Non capiamo i versi dei bambini (che se diciamo di si) ma senza rendercene conto riusciamo a cogliere i movimenti che compiono tutto il giorno per capire i loro bisogni e le loro emozioni. Abbiamo preso l'esempio dei bambini appena nati e fino ai due anni di vita perchй questi sono la massima espressione del linguaggio non verbale e non hanno quasi alcun freno inibitore. Se mio figlio и arrabbiato con me, non ci pensera su due volte prima di tirarmi una schiaffo o lanciarmi il suo giocattolo in testa. Allo stesso modo, se felice non esitera un secondo prima di ridere e, se triste, non aspettera prima di iniziare a piangere a squarciagola. Non ci pensera un secondo, ed и proprio questo l'aspetto fondamentale. Non importa in che situazione ci troviamo o in che luogo, se in un ristorante di lusso, al parco giochi o in chiesa per il battesimo. Se vuole far vedere che и arrabbiato, triste o felice non importa il contesto, lui lo fara capire senza problemi.

Con il passare del tempo, man mano che cresciamo, acquisiamo (per fortuna) anche un maggior controllo sulle nostre emozioni che spesso cercheremo di esprimere in modo diverso che solo con il nostro corpo non sarebbe possibile. Immaginate di essere arrabbiati con una persona e, invece di parlarle, le tirate un bicchiere o una pietra sulla testa. Sarebbe certo piщ facile che spiegarlo a parole ma sarebbe anche pericoloso. Abbiamo col tempo acquisito sempre un maggiore autocontrollo sulle nostre azioni e sul linguaggio del corpo che mettiamo in mostra in pubblico o in privato. Spesso siamo perт fin troppo confidenti rispetto alla nostra capacita di autocontrollo, troppo ottimisti. Anche se pensiamo di non lasciar trasparire nulla dai nostri movimenti, involontariamente non possiamo controllare i riflessi quasi involontari che il nostro corpo la lancia in determinate situazioni. Quante volte vi siete ritrovati in situazioni stressanti a battere continuamente il piede a terra? Quante volte avete iniziato una conversazione con una persona che non conoscete bene con le braccia incrociate? O ancora quante volte durante un discorso vi siete trovati a distogliere lo sguardo e guardare in aria come se vi foste persi? Tutti questi movimenti, espressioni e posture possono sembrare del tutto normali e senza importanza ma in realta dimostrano moltissimo sul tipo di persona che siete e cosa state pensando in quel determinato momento. Un esperto del linguaggio del corpo sarebbe in grado di riconoscere i vostri sentimenti in pochissimi secondi solo guardando la vostra postura ed i movimenti involontari del vostro corpo. Ma se quello esperto foste voi? Se riusciste a leggere nella mente degli altri semplicemente osservando attentamente come si muovono?. Tutto ciт non и fantascienza nй finzione, stiamo solamente parlando dello studio del linguaggio del corpo in tutte le sue forme e sfaccettature. Potrai cogliere i pensieri piщ profondi, gli stati emotivi ed anticipare l'interlocutore per difendere le vostre argomentazioni e voi stessi durante una conversazione. Sarete anche in grado di capire quando l'atmosfera si sta riscaldando troppo e quando state praticamente parlando a vuoto. Stiamo parlando praticamente di una sorta di superpotere innato che si deve solo sbloccare nella nostra mente per ottenere un vantaggio scorretto rispetto alle altre persone all'interno di una conversazione. Dopo aver tenuto diversi seminari sul linguaggio del corpo, posso dire con soddisfazione che non ho conosciuto una sola persona che non fosse entusiasta di aver imparato i segreti di questo linguaggio quasi nascosto ai nostri occhi anche se cosмevidente. Dopo aver studiato a fondo la disciplina e fatto una lunga esperienza sul campo posso dire di aver messo insieme il manuale definitivo sul linguaggio del corpo adatto per chiunque voglia imparare in modo pratico e semplice questa skill. Come avrai notato gia da questa piccola introduzione, il linguaggio del corpo и un "qualcosa" che davvero in pochi comprendono a pieno ma che invece molti mettono in pratica senza rendersene conto ogni giorno. Leggere, capire ed anticipare l'interlocutore con la lettura del suo linguaggio del corpo ci permette di avere un vantaggio senza precedenti nel mezzo di una discussione ma anche in ambito lavorativo e relazionale. Oltre che in una situazione di vantaggio nei confronti degli altri, il linguaggio del corpo ci permette anche di difenderci e fara da scudo nelle situazioni complicate. Sapremo con certezza come muoverci e soprattutto conosceremo il significato di quel movimento agli occhi del nostro interlocutore. All'interno del manuale cercherт per questo motivo di riportare non solo la "teoria", naturalmente non in termini didattici ma assolutamente discorsivi e semplici, ma anche e soprattutto la pratica ed in che modo possiamo utilizzare il linguaggio del corpo a nostro vantaggio nelle discussioni con gli altri. Terminiamo quindi qui con le cerimonie ed iniziamo subito a studiare il linguaggio del corpo.

IL LINGUAGGIO DEL CORPO

Il linguaggio, in particolare quello verbale, и estremamente ingannevole dato che spesso possiamo dire una cosa ed intenderne una completamente opposta, o ancora possiamo pensare in positivo ma non riuscire ad esprimerci in modo corretto facendo passare la nostra comunicazione come negativa o aggressiva. Per fare un esempio di come la comunicazione verbale possa essere facilmente equivocabile, basta pensare al tono sarcastico. Formalmente e dal punto di vista grammaticale, non troviamo alcuna differenza tra un'affermazione sarcastica ed una invece seria e reale. Questo и il motivo principale per cui и molto difficile essere sarcastici mentre parliamo a telefono con una persona che non ci conosce e non conosciamo bene perchй le nostre parole saranno sicuramente fraintese. Se la comunicazione verbale puт essere facilmente fraintesa, il linguaggio del corpo non lascia invece quasi margine di errore a meno che non venga forzato dagli interlocutori. Se stiamo scherzando in modo sarcastico arricchiremo le nostre parole con un sorriso o una strizzata d'occhio che fanno subito capire le nostre intenzioni. Se siamo spaventati faremo involontariamente un passo indietro o ancora, se siamo agitati, tenderemo a tenere le braccia incrociate. Possiamo quindi dedurre che il linguaggio del corpo sia la forma piщ importante ed immediata di comunicazione non verbale dato che, le nostre movenze ed i nostri gesti (la maggior parte involontari) rappresentano in modo chiaro l'espressione dei nostri sentimenti nel momento in cui stiamo parlando.

Se dovessimo dare una vera e propria definizione al linguaggio del corpo diremo che и un linguaggio non verbale composto da tutti i segnali, volontari ed involontari, consci ed inconsci, che mandano dei chiari agli interlocutori quanto riguarda lo stato emotivo e le intenzione della persona che abbiamo di fronte e comprende, nel linguaggio, non solo le espressioni ma anche i gesti, la mimica e la postura. Naturalmente la lingua dei segni non viene considerata come linguaggio del corpo dato che le espressioni e le movenze sono messe in atto con il solo scopo di comunicare nel modo piщchiaro possibile.

I SEGNALI CONSAPEVOLI ED INCONSAPEVOLI NEL LINGUAGGIO DEL CORPO

Quando parliamo di linguaggio del corpo dobbiamo tener presente che esistono dei movimenti, gesti o espressioni che possiamo mettere in atto in modo consapevole ed inconsapevole. I segnali del linguaggio del corpo inconsapevoli vengono messi in atto o recepiti in modo inconsapevole dal nostro cervello. Questo significa che ci possiamo muovere, porre o assumere una determinata espressione senza che ce ne rendiamo nemmeno conto per un momento. Allo stesso modo, anche se stiamo parlando con una persona e siamo completamente distratti, i segnali inconsapevoli che quest'ultima ci invia vengono automaticamente processati dal nostro cervello senza la nostra volonta. Tra i segnali involontari troviamo per esempio sospirare a delle determinate affermazioni o in risposta a delle determinate azioni, roteare gli occhi e guardare in alto, sbattere il piede a terra continuamente per nervosismo o ancora mettere il broncio. Tutti questi segnali tradiscono i nostri reali sentimenti ed emozioni del momento anche se li facciamo in modo involontario per un solo secondo. Come abbiamo gia anticipato, se и vero che tradiscono i nostri sentimenti, и anche vero che tradiscono in modo automatico anche quelli dei nostri interlocutori. Dato che il cervello li assorbe in modo del tutto automatico e quindi non razionale, possiamo spiegare in questo modo tutte le persone che ci stanno antipatiche a pelle anche se non le conosciamo bene. Molto spesso sono tutte quelle persone che, per un motivo o per un altro, tengono nei nostri confronti un comportamento con mimiche ed azioni che vengono recepite dal nostro cervello come negative. Se durante una conversazione il nostro interlocutore anche involontariamente sospira o ruota gli occhi verso l'alto, il nostro cervello registra tutte queste informazioni e per questo non avremo un buon ricordo della persona. Se и vero che esistono dei segnali automatici ed inconsapevoli, и vero anche che tra i segnali che il nostro corpo invia, altri sono consapevoli e spesso legati a tradizioni o culture diverse. I segnali del corpo consapevoli sono quindi dei segnali che inviamo in modo consapevole per comunicare un determinato messaggio. Tra i piщ diffusi nella nostra cultura possiamo trovare in pollice in sщin segno di approvazione, il pollice verso il basso per dire che un qualcosa non ci piace, i palmi rivolti verso il nostro interlocutore soprattutto quando la conversazione inizia ad essere troppo accesa e vogliamo spiegare meglio le nostre intenzioni e placare la rabbia, o anche l'indice alzato che in base al contesto puт essere una richiesta di fare silenzio, una richiesta di intervento per prendere la parola o una richiesta di tempo di riflessione. Mentre tutti i segnali involontari sono difficilmente equivocabili e soprattutto sono validi in tutte le occasioni ed in tutto il mondo come espressione delle nostre emozioni, i segnali volontari dipendono molto dalla cultura e dalla zona in cui ci troviamo. Il pollice alzato potrebbe essere un segnale positivo nella nostra cultura ed in generale nella cultura europea mentre potrebbe significare un gesto offensivo dall'altra parte del mondo.

IL PARALINGUAGGIO

Se c'и una cosa che non smetteremo mai di ripetere in questo manuale, и che il linguaggio del corpo non и mai una parte del linguaggio indipendente. Nonostante la sua importanza и molto difficile, se non impossibile, esprimere i propri pensieri o mettere in atto un discorso di senso compiuto solo ed esclusivamente con il linguaggio del corpo. И insieme al linguaggio verbale che quello del corpo assume un'elevata importanza. Ci sono poi quelli che la maggior parte delle persone possono considerare dettagli ma che in realta sono fondamentali nella comunicazione: il paralinguaggio. Il paralinguaggio non puт essere definito come un linguaggio vero e proprio ma piuttosto come delle caratteristiche che si aggiungono al linguaggio verbale e a quello del corpo. Per paralinguaggio possiamo intendere, in modo molto semplificato, le caratteristiche che assume la nostra comunicazione. Fanno parte del paralinguaggio il tono di voce, il volume, la qualita, le pause ed anche l'intonazione. Ma perchй parliamo del paralinguaggio se stiamo affrontando invece il linguaggio del corpo? La domanda и piщ che lecita e trova risposta in una confusione generale sulla materia anche da parte degli studiosi. Molti infatti riconducono al paralinguaggio anche le movenze, le mimiche facciali e le espressioni, tutte che come abbiamo visto fanno parte del linguaggio del corpo. Tutto ciт per precisare che possiamo trovarci in alcune situazioni in cui il linguaggio del corpo e molti dei suoi aspetti possono essere scambiati per paralinguaggio anche se, di fatto, non и un errore considerarli tali dato che non abbiamo una precisa divisione ufficiale. Per fare qualche esempio sul paralinguaggio, questa sfaccettatura della comunicazione si rifa molto ai segnali inconsapevoli del corpo dato che cambiano in base alla cultura ed al luogo in cui ci troviamo. Nei paesi arabi infatti parlare a voce alta significa autorita mentre parlare a voce bassa significa sottomissione. Gli stessi americani sono considerati maleducati in Europa per il loro volume di voce mentre, in Finlandia, si parla tanto lentamente ed a bassa voce che fuori dall'Europa gli abitanti della nazione sono considerati lenti. Tutto dipende sempre dal contesto e dalla cultura in cui consideriamo gli aspetti del paralinguaggio. Oggi, con lo sviluppo sempre crescente di internet, si sta perdendo molto l'abitudine di parlare da vicino e quasi la meta delle comunicazioni che potrebbero svolgersi almeno verbalmente, viene portata in forma scritta con email ed sms. Come possiamo immaginare, in questo contesto, и praticamente impossibile applicare i principi del paralinguaggio e del linguaggio del corpo dato che non solo il nostro corpo и nascosto, ma anche la nostra voce risulta inutile al fine comunicativo. Scrivere online velocemente causa molte incomprensioni dato che si avvale di una sola forma di linguaggio ma, anche per questo motivo, sono state create le emoticon che cercano nel migliore dei modi di esprimere i nostri sentimenti con delle faccine contestualizzate.

LA PROSSEMICA

La prossemica и la scienza che studia la relazione tra lo spazio fisico di due o piщ persone e la comunicazione o rapporto che si instaura in questo caso. Lo spazio fisico puт infatti essere utilizzato per comunicare diversi messaggi in base alla situazione in cui ci troviamo e va ad arricchire le altre fasi del linguaggio, verbali o non verbali che siano. Quando parliamo di prossemica possiamo individuare due tipi di spazio, lo spazio fisico e lo spazio personale. Quando parliamo di spazio personale ci riferiamo alla distanza che tendiamo a mantenere da una certa persona con cui stiamo comunicando mentre, lo spazio fisico, и lo spazio che percepiamo come appartenente alla nostra sfera di influenza. Un esempio dello spazio fisico potrebbe essere un luogo ben definito in cui ci sentiamo pienamente padroni della situazione, come il nostro ufficio o la nostra camera. Si tratta quindi di luoghi tanto familiari a noi (ed estranei al nostro interlocutore) che ci fanno sentire a nostro agio e padroni della situazione e di tutto ciт che ci circonda. Ritornando allo spazio personale, la prossemica divide questo spazio in cui avviene la comunicazione in quattro differenti distanze che cambiano base alla situazione e soprattutto al nostro interlocutore o interlocutori.

Le quattro distanze fondamentali dello spazio personale sono: la distanza intima, la distanza personale, la distanza sociale e la distanza pubblica. La distanza intima и lo spazio personale che va da zero centimetri fino al massimo di un metro con la quale comunichiamo con le persone che ci stanno piщ a cuore. In questo spazio siamo "vulnerabili" al nostro interlocutore, completamente esposti ed и per questo che facciamo accedere a questa distanza solo coloro di cui abbiamo piena fiducia. Il rapporto con il proprio partner, quello con i propri genitori e quello con i nostri migliori amici puт rientrare in questa distanza. Chiunque provi ad accedere a questa distanza senza il nostro permesso e senza un motivo vero e proprio viene percepito dal nostro cervello come un aggressore e saremo molto piщ sull'attenti prima di concedergli la nostra fiducia. La seconda distanza и appunto la distanza personale. Questa distanza и prevalentemente quella che teniamo con la maggior parte delle persone con cui comunichiamo e comprende non persone intime ma almeno familiari con cui comunichiamo con piacere. Un esempio di queste persone potrebbero essere i colleghi o amici con i quali non abbiamo un rapporto molto stretto e confidenziale. Spesso basta, per la maggior parte delle persone, anche solo qualche incontro e qualche scambio di battute per entrare nella cerchia delle persone familiari e quindi adottare questa distanza. И bene precisare che non esiste un percorso o una gradualita nel passaggio dalla distanza personale a quella intima. Mi spiego meglio: non и detto che una persona che, dopo molto tempo passato nello spazio personale, passi per forza nello spazio intimo. Il motivo и molto semplice, non tutte le persone meritano o semplicemente vogliono il nostro spazio intimo che и una cerchia di persone molto piщ selettiva, come и giusto che sia. Dopo la distanza personale abbiamo la distanza sociale. Il tipo di distanza sociale и la classica relazione in cui troviamo le persone che vediamo pochissime volte nel corso della nostra vita e con cui non vogliamo o non possiamo stringere rapporti. Il classico rapporto sociale, e di conseguenza la distanza, и quello in cui non non si parlano di questioni personali, pensieri o anche opinioni nella maggior parte dei casi.

Essendo un tipo di distanza molto vago possiamo fare degli esempi per chiarire meglio la distanza che prendiamo automaticamente in alcune situazioni sociali. Pensiamo alla distanza che teniamo in modo automatico quando ordiniamo in un fast-food, quando facciamo un colloquio di lavoro o quando conosciamo il consulente immobiliare per concludere un' acquisto. Sono rapporti in cui tenderemo automaticamente a prendere una certa distanza e di certo, soprattutto ad un colloquio, non abbiamo assolutamente intenzione di parlare delle nostre opinioni e dei nostri pensieri. Infine, l'ultima distanza che fa parte della prossemica, и la distanza pubblica. La distanza pubblica и la distanza che vediamo in atto quando siamo a scuola o ad una presentazione, comizio elettorale o altre situazioni pubbliche. Non siamo di certo le uniche persone che hanno rapporti con l'interlocutore. La maestra che spiega alla classe, l'esperto che parla agli ascoltatori ed il rapporto che creavo alle mie presentazioni sul linguaggio del corpo, sono tutti esempi di distanza pubblica. Con la distanza pubblica non abbiamo alcuna intenzione di creare dei rapporti con le persone che ci ascoltano (su questo l'esempio dell'insegnante и estremo ma in quel caso и la situazione, protratta nel tempo, che crea inevitabilmente un rapporto anche con i singoli). Nella maggior parte dei casi quindi, se il rapporto si instaura, si va a creare con il gruppo di persone in toto e non con i singoli.
La prossemica, e quindi lo studio della distanza durante la comunicazione, rientrano in pieno nel linguaggio del corpo ma effettivamente come possiamo sfruttarla a nostro vantaggio per le situazioni quotidiane? Ebbene, conoscere alcune distanze potrebbe davvero giocare a nostro favore. Pensate ad una persona che avete appena conosciuto, vi siete presentati ed

inizia a parlare faccia a faccia con voi invadendo il vostro spazio intimo. Se non vi infastidisce vi sentite almeno a disagio e questa и una situazione che bisogna evitare. Conoscere le distanze fisiche e personali ci permette di regolare in modo logico e razionale senza lasciarci sopraffare dalle emozioni o dalle nostre sensazioni. La cosa curiosa и che anche il corpo manda dei messaggi involontari per far sмche gli altri rispettino una certa distanza. Un passo indietro, le braccia incrociate, inclinarsi indietro o chiudere le spalle sono tutti segnali che il corpo invia in modo autonomo per avvertire e dire all'interlocutore: "Mi sento minacciato, fai un passo indietro". Conoscere quindi la giusta distanza non solo ci permette di curare questo aspetto ma anche di anticiparlo per non commettere errori assolutamente evitabili e fare sin da subito una buona impressione. La prossima volta, quando ci troveremo a parlare di persona con qualcuno, cerchiamo di far caso alla distanza che si crea autonomamente tra i due corpi. Sara interessante notare come i due corpi creano tra di loro una distanza proporzionale al rapporto che si и instaurato ed al discorso ed i temi di cui si parlera durante la conversazione. Come abbiamo gia detto, nella regolazione della distanza il corpo crea dei movimenti del tutto autonomi e quindi involontari di cui parleremo subito nel prossimo capitolo.

LA CINESI O MOVIMENTI INVOLONTARI

Quando parliamo della cinesi o dei movimenti involontari, siamo entrati nel vivo del linguaggio del corpo. Prima di parlare del linguaggio del corpo и bene chiarire che questo non и la sola forma di linguaggio non verbale ma una delle tante che si sono sviluppate durante gli anni. Quando parliamo quindi di comunicazione non verbale intendiamo tutti i tipi di comunicazione che non hanno bisogno delle parole per essere messe in atto e, tra tutte queste, rientra anche il linguaggio del corpo. Alcuni esempi di comunicazione non verbale possono quindi essere gli SMS, le E-mail, la lingua dei segni (che come abbiamo detto non va confusa con il linguaggio del corpo dato che in questo caso i movimenti sostituiscono le parole ma non lasciano altre interpretazioni), il codice morse o ancora il linguaggio in codice internazionale nautico che utilizzano le navi per comunicare tra di loro. Questi, dai piщ semplici ai piщ complessi come quello nautico, sono solo alcuni tra tutti i tipi di linguaggio non verbale che esistono ai giorni nostri. Il linguaggio del corpo и quindi solo uno dei tanti tipi di linguaggi non verbali che possiamo studiare ed in cui possiamo imbatterci ai giorni d'oggi. Chiarita la differenza tra linguaggio del corpo e linguaggio o comunicazione non verbale, possiamo quindi approfondire la prima, essendo anche la materia che studiamo in questo libro.

La parola cinesi si puт considerare come un termine tecnico per parlare di linguaggio del corpo. Quando utilizziamo il linguaggio cinesico utilizziamo i nostri movimenti anche involontari per comunicare un determinato messaggio, emozione o stato d'animo. Il bambino che non sa ancora parlare e punta il dito verso il giocattolo che desidera, tenere le gambe o le braccia incrociate durante una riunione o ancora scuotere in capo continuamente sono tutti esempi di cinesi o linguaggio del corpo (comunicazione non verbale). Tutti i movimenti del corpo, anche quelli che sembrano involontari e sono quasi impercettibili, costituiscono un vero e proprio linguaggio o grammatica del corpo che con un poco di pratica possiamo "ascoltare" con un poco di pratica in maniera razionale ma che il nostro cervello assorbe in modo automatico anche quando non ne siamo consapevoli. La cinesi col tempo и stata studiata, affinata e capita grazie soprattutto agli animali. Quello che all'inizio si pensava essere solo una caratteristica degli umani, и stata riscontrata in modo molto piщ accentuato nel mondo animale soprattutto nei nostri antenati come le scimmie. Osservando le dinamiche del mondo animale possiamo vedere come in ogni occasione venga utilizzato il linguaggio del corpo per trasmettere un messaggio chiaro. Quelli che sembravano solo dei movimenti involontari nel regno animale, sono stati classificati come linguaggio avendo delle caratteristiche ben precise: la ripetitivita e reciprocita. Come ogni linguaggio verbale e non, sono queste le due caratteristiche che ci permettono di classificare una comunicazione come tale. Se ci pensiamo, qualsiasi comunicazione gode della ripetitivita, in quanto parole e lettere, gesti, e linguaggi differenti vengono ripetuti in modo continuo per comunicare un messaggio. Basti pensare alla grammatica, quante volte sentiamo la stessa parola e vediamo le stesse lettere?. Assodato che ci sia una ripetitivita, questa non basta per definire un linguaggio o una comunicazione. Mettiamo caso che domani inventi una nuova lingua parlata esclusivamente da me con dei versi abbastanza strani che nessuno riuscirebbe a capire. Se inizio, o meglio provo, a comunicare in questa lingua nessuno mi capirebbe a meno che qualcuno non sia interessato a dare un senso logico alla mia lingua (come hanno fatto gli scienziati con movimenti delle scimmie che sembravano del tutto casuali all'inizio). Basta una sola persona che impari la mia stessa lingua per poterla definire tale e creare quindi una comunicazione non verbale. Possiamo fare mente locale e notare che tutte le comunicazioni o lingue (se andiamo nella sfera verbale) hanno queste due caratteristiche: la reciprocita e la ripetizione.

L'importanza della cinesi non deve essere trascurata o portata in secondo piano rispetto agli altri linguaggi che conosciamo ed utilizziamo tutti i giorni. L'importanza di tale comunicazione и infatti dovuta anche all'antichita di tale linguaggio che и stato, senza ombra di dubbio, il padre di tutti gli altri linguaggi. Si ritiene infatti che gli esseri umani siano in grado di parlare grazie ad una mutazione genetica, in particolar modo alla mutazione del gene FOXP2, che si и verificata negli ultimi 4-6 milioni di anni. Tale mutazione и unica ed avvenuta solo per gli esseri umani, questo spiegherebbe il motivo per cui i primati non erano e tuttora non sono ancora in grado di parlare ma sono limitati a vocalizzazioni. Sebbene non possano parlare le scimmie, ed i nostri antenati milioni di anni fa nelle grotte, avevano una forte esigenza di comunicare dovuta soprattutto alla necessita di avvertire dei pericoli e salvarsi la vita nelle situazioni scomode. Per questo motivo, e tanti altri, si и andato via via a creare un linguaggio che fosse comprensibile per tutti e riuscisse a trasmettere i messaggi necessari per la sopravvivenza. Come abbiamo visto in precedenza, l'essere umano ha avuto una mutazione genetica unica, che ha quindi portato allo sviluppo di una lingua parlata ed alla diminuzione e trasformazione radicale del linguaggio del corpo utilizzato in precedenza. Tale evoluzione non и avvenuta invece nei primati che hanno come mezzo di comunicazione principale il linguaggio cinesico ad eccezione di alcune vocalizzazioni in determinate situazioni. I gesti in questi animali hanno raggiunto dei significati molto precisi come un tocco duro che starebbe ad indicare un segnale di stop o un tocco dolce che indicherebbe invece all'altro primate di farsi avanti. La movenza, l'espressione sono tutti segnali riconosciuti dal branco. I primati sono particolari perchй sono tra i pochi animali ad accompagnare al movimento del corpo anche una determinata espressione come tirar fuori i denti per avvertire o schioccare le labbra e sorridere quando sono disposti al contatto ed a farsi sottomettere. Alcune specie, come gli scimpanzи, si abbracciano con il solo scopo di manifestare affetto, proprio come gli esseri umani. Scegliamo, per parlare della cinesi, i primati perchй sono la specie che piщ si avvicina a noi ed alle nostre caratteristiche. Sappiamo bene infatti quando sia importante il linguaggio del corpo anche per altre specie piщ vicine a noi come i cani o i gatti, dalla coda agitata che rappresenta gioia allo stendersi a pancia in su per comunicare apertura e sottomissione. Il linguaggio del corpo o la cinesi, a differenza del linguaggio verbale, и difficile che venga frainteso durante la comunicazione. Mentre in molti le parole vengono utilizzate per dire un qualcosa anche se poi si rivelano avere un significato del tutto diverso, il nostro cervello riesce a cogliere quasi in modo automatico ed istintivo quando una persona и una minaccia per noi o cerca di aprirsi. Il linguaggio del corpo va a comunicare alcuni aspetti che spesso con le parole potrebbero essere facilmente fraintesi. Le parole sono quanto di piщ volatile ed indefinito posso esserci nella comunicazione. Possiamo addirittura minacciare una persona di morte per poi sorridere nel mentre e scoppiare quindi entrambi in una risata dato che и chiaro stessimo scherzando (naturalmente dipende dal rapporto che abbiamo con la persona, и chiaro). Resta quindi la comunicazione nel complesso ad essere completa e riuscire a far passare il messaggio che intendiamo veicolare al nostro interlocutore. Un sorriso, un ghigno, una determinata movenza o come visto nelle precedenti pagine, anche la distanza che teniamo durante la comunicazione sono tutti fattori cha vanno considerati quando parliamo o comunichiamo con una persona in quanto и l'insieme che permette di esprimersi nel migliore dei modi senza che ci siano delle incomprensioni. Il linguaggio del corpo purт e deve arricchire, quando possibile, i nostri messaggi sempre nel rispetto e nel limite del contesto in cui vengono messe in atto. Dal punto di vista teorico, il linguaggio del corpo и considerato simile sia che facciamo un gesto pericoloso e minaccioso, sia che compiamo dei movimenti delicati e di apertura come una carezza o una stretta di mano. Nella pratica perт la situazione и leggermente diversa in quanto, anche se viene considerato, sia il terzo dito sia un sorriso 'alla cinese', nella pratica il significato и ben diverso e con delle conseguenze nei rapporti molto contrastanti. Per questo motivo i gesti, le movenze, le espressioni facciali ed in generale tutto ciт che riguarda la cinesi possono essere distinti in due gruppi pratici per farci capire come muoversi e quindi comportarsi in modo efficace durante una conversazione. Per questo motivo il linguaggio del corpo purт essere distinto in linguaggio del corpo positivo e linguaggio del corpo negativo in base a ciт che vogliamo quindi trasmettere durante una conversazione al nostro interlocutore. Nel prossimo capitolo distinguiamo questi due tipi di linguaggio del corpo ed andremo a studiare le caratteristiche e le movenze che distinguono la positivita o le negativita di alcuni aspetti che spesso vengono trascurati o semplicemente ignorati.

I TIPI DI LINGUAGGIO DEL CORPO: LINGUAGGIO DEL CORPO POSITIVO E NEGATIVO

Come le parole possono esprimere qualcosa di negativo o qualcosa di positivo, cosмanche il linguaggio del corpo e quindi tutto ciт che lo riguarda (come le movenze, le espressioni, lo spazio ed i gesti) possono essere piщ o meno minacciosi o positivi verso il nostro interlocutore. Non esistono, come possiamo immaginare, molte movenze del corpo con un significato chiaro, semplice e non fraintendibile. Il linguaggio del corpo infatti, come possiamo immaginare a questo punto del manuale, non и un qualcosa di esatto e di oggettivo ma dipende molto dal luogo, dal contesto e dalla tempistica di cosa e come viene messo in atto. Agitare la mano in aria assume due connotazioni assolutamente differenti e contrastanti se lo facciamo quando siamo calmi e tranquilli o se lo facciamo invece quando siamo pieni di rabbia e la situazione inizia ad essere abbastanza tesa. Assodato quindi che il linguaggio del corpo comunica un qualcosa di ben preciso, sta a noi in base alle occasioni in cui ci troviamo di scegliere le giuste movenze per poter portare la conversazione nella direzione in cui vogliamo. Non solo il linguaggio del corpo ha influenza sul nostro interlocutore e quindi sulla nostra conversazione, questo ha anche un grande effetto per quanto riguarda cosa pensiamo noi stessi della nostra persona (questo sara analizzato piщ avanti). Quando parliamo di linguaggio del corpo positivo ci riferiamo quindi a tutti i gesti, anche quelli che possono sembrare piщ innocui, che ci permettono di fare buona impressione con il nostro interlocutore ed avere quindi un vantaggio nella conversazione. Il linguaggio del corpo puт fare la differenza in ambito lavorativo e relazionale, soprattutto il primo caso, in cui si tiene particolarmente conto del messaggio che il nostro corpo comunica. Sara indubbiamente piщ facile essere assunti, a parita di curriculum, se abbiamo un'espressione decisa e sicura ed una postura corretta senza avere braccia o gambe incrociate. Per cambiare radicalmente la qualita della nostra conversazione dobbiamo curare il linguaggio del corpo e tutti i suoi aspetti che, presi singolarmente, possono sembrare dettagli ma nell'insieme concorrono molto al risultato che otterremo. Quello di cui dobbiamo tenere conto dovranno essere piщ fattori che, se curati nel modo corretto, ci aiuteranno a tenere un ottimo linguaggio del corpo. Per quanto riguarda lo sguardo, и uno degli aspetti piщ complicati da curare. Lo sguardo и il contatto ed il messaggio del corpo tra i piщ forti che possiamo mandare. La linea tra ciт che и giusto e sbagliato durante il contatto visivo и molto sottile. Lo sguardo idealmente dovrebbe essere rivolto agli occhi della persona (dobbiamo quindi guardare il nostro interlocutore negli occhi). Il contatto visivo, secondo alcuni studi, fa percepire che l'altra persona и interessata all'argomento e possiamo quindi fidarci della sua persona. Allo stesso tempo perт i contatti visivi possono anche essere abbastanza aggressivi e dipende molto dal contesto in cui lo mettiamo in atto. Un contatto visivo troppo prolungato o troppo insistente potrebbe quindi far sentire il nostro interlocutore minacciato. Quello che perт siamo sicuri che non bisogna fare in nessuna occasione per non compromettere la comunicazione и: abbassare lo sguardo o, come si и soliti dire, guardare le mosche. Abbassare lo sguardo al proprio interlocutore invia quindi il messaggio che и lui in una situazione di comando e noi siamo quindi la vittima, stiamo mentendo o non siamo per niente interessati a quello che sta dicendo. Se abbassare lo sguardo puт significare sottomissione ed impotenza, guardare in aria senza una qualsiasi ragione invia il chiaro messaggio che abbiamo la testa tra le nuvole e non stiamo ascoltando quello che il nostro interlocutore ci sta dicendo. Questo causera di sicuro frustrazione da parte sua e la comunicazione non prendera la piega che vogliamo. Dopo lo sguardo, l'aspetto che dobbiamo curare и l'atteggiamento. L'atteggiamento non и semplice come lo sguardo da notare o aggiustare in quando si compone di piщ dettagli. La stretta di mano, lo spazio che teniamo dall'altra persona, il contatto fisico e gesti che teniamo con l'interlocutore sono tutti esempi di atteggiamento.

Grazie all'atteggiamento infatti, la comunicazione esce da quella piattezza che avrebbe invece una semplice comunicazione solo parlata. Alcune linee generali potrebbero essere quelle di tenere una stretta di mano decisa e solida, utilizzare i gesti per accompagnare la conversazione ma senza esagerare dato che possono risultare minacciose ed evitare il contatto troppo spesso dato che in ogni caso ci troviamo di fronte ad una violazione dello spazio personale del nostro interlocutore. Un altro "dettaglio" del linguaggio del corpo positivo che si unisce agli altri per creare una buona conversazione и l'espressione facciale. Spesso, soprattutto in alcuni contesti come quelli aziendali, il lavoro potrebbe essere molto stressante e perciт molto difficile concentrarsi sull'espressione facciale quando non siamo dell'umore giusto. Se perт pensiamo a cosa, di coloro che conosciamo e di coloro che non conosciamo, ci colpisce particolarmente, possiamo subito dire l'espressione. Inutile dire che quando siamo di cattivo umore le persone a noi care senza nemmeno saperlo spesso ci trattano in modo diverso. Questo perchй l'espressione и la prima cosa che si vede di una persona a meno che non ci sia qualche altra cosa ad attirare di piщ l'attenzione. Un consiglio generale и quello di cercare di non avere mai un'espressione accigliata, il cosiddetto broncio, ma cercare di sorridere o avere un'espressione seria. La scelta tra queste due espressioni non и casuale, avremo una espressione seria se vogliamo comunicare professionalita e sicurezza ma, nelle situazioni piщinformali basta avere un leggero sorriso sul volto per far partire col piede giusto la conversazione con l'altra persona. Come possiamo immaginare l'espressione, piщdi tutte le altre, dipende dal contesto e dal nostro ruolo.

Se quando incontriamo un amico possiamo sorridere per tutto il tempo, la stessa espressione non puт essere tenuta invece se siamo in una riunione e stiamo presentando un qualcosa di importante al nostro capo o dobbiamo parlare in pubblico come esperti. A concorrere al linguaggio del corpo positivo abbiamo anche una postura "corretta". Quando parliamo di postura corretta, in questo caso, non intendiamo la postura ideale per la nostra schiena e quindi una questione fisiologica e posturale, ma intendiamo invece la postura da tenere per comunicare un determinato messaggio. Spalle basse e testa china indicano in molti contesti una posa di sottomissione come braccia e gambe incrociate indicano un segno di chiusura e a volte disinteresse. La postura corretta и con la schiena diritta ed il mento idealmente rivolto leggermente verso l'alto (che coincide poi anche con la buona postura fisiologica). Identificati tutte le caratteristiche di un linguaggio del corpo positivo e quindi come comportarsi e muoverci in alcune situazioni, passiamo quindi all'inverso: cosa non fare e come non porsi.

LINGUAGGIO DEL CORPO NEGATIVO E LE SUE CARATTERISTICHE

Se ad alcuni movimenti e gesti sono stati ricondotti nel tempo delle connotazioni positive, non tutti possono rientrare in questo ristretto gruppo. Come esistono i movimenti positivi e quindi il linguaggio del corpo positivo, cosмesiste anche un altro tipo di linguaggio del corpo: quello con connotazione negativa. Dal punto di vista pratico e dell'attuazione delle tecniche del linguaggio del corpo ho notato che, durante gli anni di esperienza accumulati, che le persone sono piщ propense ad inserire un qualcosa di positivo all'interno della loro comunicazione ma sono meno disposte a mettere in discussione e quindi decidere di cambiare quei comportamenti che tengono in modo quotidiano e questo fenomeno continua anche nel momento in cui le stesse persone si rendono conto che tali comportamenti sono per l'appunto negativi. In sintesi, sara molto piщsemplice per te integrare i nuovi comportamenti mai tenuti prima di adesso come quelli visti in precedenza per il linguaggio del corpo positivo, piuttosto che rivedere alcuni comportamenti errati che ci portiamo con noi da molto tempo ed in quasi tutte le conversazioni formali e non che teniamo con le persone. Tale fenomeno иfacilmente comprensibile dato che l'essere umano per sua natura и un animale che, per istinto innato di sopravvivenza, иun animale strettamente abitudinario. Chiedere di modificare o addirittura eliminare un certo comportamento diventa quindi molto complicato. Cambiare i comportamenti errati che si tengono durante una conversazione non и perт una cosa impossibile anche se richiede una certa dose di lavoro e dedizione. Come prima cosa, per poter agire su un nostro "difetto" dobbiamo prima conoscerlo e quindi, per cambiare il nostro stile comunicativo e rimuovere quindi gli aspetti negativi, dobbiamo prima di tutto riconoscerli e saperli identificare. La postura и uno dei primi aspetti che dobbiamo considerare e rivedere nella nostra comunicazione. Non si tratta solo di un qualcosa di strettamente fisico, ma coinvolge anche il lato emotivo. Una postura corretta, dritta, con spalle rilassate e gambe e collo in linea retta migliorano il nostro umore e ci fanno apparire come persone preparate, sicure di quello che stanno dicendo e sotto un certo punto di vista anche abbastanza autoritarie. La postura scorretta non и perт solo quella con le spalle chine ma anche tutte quelle che appaiono per nulla professionali e da "fanciulli" come scivolare leggermente lungo la sedia o piegarsi troppo all'indietro come se stessimo ridendo a crepapelle. La postura corretta и elegante, sobria e soprattutto dritta ed in linea con le curve lombari (e fa anche bene alla salute della nostra schiena naturalmente). Entrando nei dettagli della postura troviamo un argomento che gli esperti di linguaggio del corpo affrontano quotidianamente: le gambe ed i piedi. Non esiste probabilmente quasi nessuna parte del nostro corpo che puт essere "sgamata" cosм facilmente come le gambe ed i piedi. Partendo dalle gambe bisogna sapere che quello che non bisogna mai fare и creare la X con le ginocchia ed i piedi, vale a dire tenere una postura in cui le ginocchia si toccano ed i piedi sono ben divaricati dietro di noi. Questa posizione non fa altro che urlare al nostro interlocutore quanto siamo infantili, distratti e, in molti casi, irrispettosi se ad esempio una tale posizione la si tiene ad un colloquio di lavoro. La postura corretta resta quella che si tiene con le gambe leggermente divaricate ed i piedi ben saldi a terra. Per le donne la divaricazione delle gambe, soprattutto quando si indossa una gonna (so che molte lettrici non apprezzeranno tale precisazione ma, aldila di qualsiasi pensiero morale, riporto solo il frutto di anni di studio) vanno naturalmente ridotte. Come tenere quindi le ginocchia? Leggermente aperte ma non troppo. Per capirci non devono essere spalancate ma nemmeno toccare le ginocchia. Per arrivare ai piedi, qui la distinzione va fatta sul movimento che si tiene durante la conversazione e non sulla posizione vera e propria. Il movimento continuo e costante come possiamo immaginare non fara altro che comunicare al nostro interlocutore quanto siamo in ansia nell'esprimersi o semplicemente quanto ci mette a disagio la situazione e l'ambiente in cui ci troviamo. Alleniamoci semplicemente a tenere in modo genuino il piede piantato a terra, non con troppa forza da sembrare dei robot ma abbastanza per restare fermi e non muoverci durante la conversazione. Le braccia incrociate sono poi l'evergreen del linguaggio del corpo e la prima cosa che i formatori dicono al riguardo. Come immagino tutti sappiate, le braccia incrociate non fanno altro che significare difesa ma non solo come protezione dall'altra persona. Incrociare le braccia significa anche accessibilita e comunicano che, quello che ci stanno dicendo, non ci interessa tanto che cerchiamo di difenderci ed evitarlo. Le braccia andrebbero distese lungo i fianchi in modo rilassato per farci apparire come delle persone fiduciose che si sentono a proprio agio. Che siano distese o incrociate, entrambi i movimenti possono servire in base ai casi. Le braccia incrociate non sono sbagliate se per esempio abbiamo di fronte un venditore che ci fa delle proposte che non intendiamo accettare o che riteniamo offensive ad esempio, mentre risultano troppo aggressivi quando dobbiamo socializzare con qualcuno soprattutto se ci troviamo in piedi. Per quanto riguarda invece le braccia distese lungo i fianchi, risultano giuste se siamo in attesa di incontrare una persona importante ma sbagliate se vogliamo dimostrare la nostra insoddisfazione per qualcosa dato che ci fa apparire come troppo aggressivi e non riconoscenti verso gli altri. Se chiediamo a qualcuno di svolgere un compito ad esempio, ed alla fine lo critichiamo. Le braccia lungo i fianchi sono una sorta di aggravante della ramanzina perchй ci mette in una condizione di superiorita che in questo caso non viene gradita da colui che abbiamo davanti. Per quanto riguarda il comportamento delle mani, con queste ultime и molto facile fare errori che ci mettano in una condizione di errore durante la conversazione. Stringersi le mani o le dita durante una conversazione o ticchettare a ritmo con le dita sul tavolo sono tutti comportamenti che vengono quasi sottovalutati ma sono invece notati in modo piщo meno inconscio dal nostro interlocutore e ci fanno apparire come ansiosi e con poca fiducia in noi stessi. Le nostre mani comunicano qualcosa di estremamente diverso anche se sono giunte di fronte a noi, dietro la schiena o sono semplicemente appoggiate sui fianchi. Le mani giunte davanti a noi esprimono protezione verso noi stessi e ci mettono in una condizione quasi di sottomissione. Sono vantaggiose come possiamo immaginare nelle situazioni in cui essere sottomessi potrebbe essere vantaggioso mentre remano contro di noi quando vogliamo esprimere controllo o potere. Per esprimere queste due ultime caratteristiche abbiamo infatti gli altri due comportamenti ovvero le mani giunte dietro la schiena e quelle appoggiate sui fianchi che esprimono potenza e sicurezza in noi stessi. Sono naturalmente valide nel momento in cui dobbiamo esprimere sicurezza e prendere il controllo della situazione ma, d'altra parte, non sono del tutto appropriate quando cerchiamo di creare un rapporto basato anche su empatia e fiducia con il nostro interlocutore. Quello che bisognerebbe sempre evitare di fare con le mani durante una conversazione и strofinare i palmi o metterle in una posizione a cupola sopra il tavolo. Questi due movimenti sono i classici clichй delle persone sospette e che nascondono qualcosa all'interno dei film e sono quindi considerati per questo motivo dal nostro cervello come un qualcosa di negativo che fa una determinata persona per andare contro gli interessi dell'altra.

Tra gli atteggiamenti, se cosмi vogliamo definire, del linguaggio del corpo negativo, abbiamo un altro grande classico dopo la posizione delle braccia: la stretta di mano. Non c'и molto da dire sulla stretta di mano se non che и come una sorta di biglietto da visita, una presentazione. La stretta di mano rappresenta il primo contatto fisico stretto che abbiamo con il nostro interlocutore ed и per questo molto importante. Non dobbiamo trascurare quindi questo aspetto e ridurlo solo al quesito: "stretta di mano forte o molle?" perchй sbaglieremo in principio. Partiamo dal fatto che le strette di mano che possono essere messe in atto sono minimo cinque ed ognuna di esse comunica anche involontariamente qualcosa alla persona che abbiamo di fronte. Per quanto riguarda la posizione del palmo della mano, abbiamo la stretta di mano con il palmo rivolto verso il basso e la stretta di mano con il palmo rivolto verso l'alto. Come possiamo immaginare queste due differenti, seppur molto simili, strette di mano comunicano l'esatto opposto l'una dall'altra. La stretta di mano con il palmo rivolto verso il basso comunica autorita e potere facendo sentire l'altra persona in una condizione di assoggettamento mentre, se stringiamo la mano con il palmo rivolto verso l'alto sembriamo timorosi, passivo o almeno accondiscendenti a quello che l'interlocutore ha da dire. Passiamo poi alla stretta di mano piщcriticata dagli studiosi del linguaggio del corpo, la stretta di mano molle. Proviamo a metterci nei panni dell'altra persona o ripensiamo a quando ci hanno stretto la mano in modo molle. L'impressione che ci da la persona con questa stretta di mano и quella di una persona al momento disinteressata, evasiva e che non gode del piacere della nostra compagnia. Peggio ancora se questa stretta di mano viene data solo con le dita (la cosiddetta stretta di mano clericale) che trasmette arroganza ed ancora disinteresse nella relazione o conversazione.

Il polo opposto di queste ultime due strette di mano и quella aggressiva o meglio, inutilmente aggressiva. Quando stringiamo la mano del nostro interlocutore piщ del dovuto infatti, non comunichiamo piщsicurezza in noi stessi e fiducia ma risultano piuttosto aggressivi senza un vero e proprio motivo e per questo le persone non ci vedranno nel migliore dei modi soprattutto se non abbiamo una forte relazione alle spalle. La stretta di mano dovrebbe essere dosata e corretta, nй troppo forte nй troppo molle e soprattutto in relazione alla persona che abbiamo di fronte. Infine, una stretta di mano che non molti conoscono и quella a sandwich quando dopo aver stretto la mano portiamo l'altra sopra chiudendo appunto come un panino. Questa stretta di mano и molto utilizzata nel mondo degli affare e comunica molta fiducia in se stessi e cerca di stringere subito un legame con l'interlocutore e diventa particolarmente efficace quando esiste gia un rapporto di base tra noi ed il nostro interlocutore. Una piccola parentesi и doverosa per riprendere il contatto visivo ed aggiungere i doverosi dettagli. Se da piccoli ci hanno sempre insegnato a guardare il nostro interlocutore negli occhi mentre parlava, un motivo ci sara. Il contatto visivo ci pone come interessati alla conversazione e fa sentire colui che parla ascoltato e capito. Quello che non bisogna fare и tenere perт un contatto visivo troppo serrato soprattutto se siamo ad una distanza troppo ravvicinata e se non abbiamo rapporti confidenziali con colui il quale stiamo parlando. Una tecnica interessante per il contatto visivo и quella di tenerlo per alcune battute e distogliere poi lo sguardo per qualche istante in modo che l'interlocutore si senta ascoltato ma non sottopressione allo stesso tempo. Quando vogliamo invece imporre superiorita e controllo della situazione tendiamo invece a distogliere il meno possibile lo sguardo dato che intimorisce il nostro avversario (guarda infatti la presentazione agli incontri di pugilato o arti marziali in cui i rivali vengono messi uno di fronte all'altro). Una tendenza, soprattutto Italiana e nei paesi latini и quella di gesticolare durante la conversazione. Quest'azione non и di per sй sbagliata ma bisogna sapere bene, come negli altri aspetti della comunicazione on verbale, dove sono i limiti e quando possiamo spingerci oltre. Gesticolare in modo vigoroso o compiere troppi movimenti durante la conversazione come toccarsi le orecchie, mordersi il labbro, muovere le mani in continuazione possono sembrare non professionali e farci apparire anche come immaturi nei contesti professionali. Allo stesso tempo, come abbiamo accennato in precedenza, essere del tutto immobili come dei robot non и comunque la scelta giusta dato che sembrerebbe forzato e non ci fa apparire a nostro agio durante lo scambio di battute. L'ideale, ancora una volta, lo troviamo nel mezzo gesticolando non in modo troppo vigoroso e frequente ma quando l'argomentazione lo consente anche per spiegare meglio un concetto. Come gesticolare, anche maneggiare qualsiasi cosa oggetto o parte del corpo, indumento che sia potrebbe apparire come molto poco professionale. In alcuni casi indichera che siamo in preda all'ansia o ancora che la conversazione non ci interessa a tal punto da trovare un qualsiasi tipo di distrazione pur di far passare il tempo in fretta. Inoltre, gesticolare troppo o intrattenersi con qualche oggetto, distoglie non solo la nostra attenzione ma anche e soprattutto quella dell'interlocutore che non prestera ascolto alla conversazione. Non un buon inizio se cerchiamo di far valere le nostre ragioni. Un aspetto della comunicazione che viene spesso trascurato, soprattutto nei discorsi degli speaker ed online in videocorsi ed in generale video formativi, и quello sulle cosiddette barriere. Durante una conversazione, possiamo definire barriere qualsiasi oggetto che ostacola e che si frappone tra due interlocutori. Spesso le barriere sono sottovalutate infatti vengono considerate tali solo se sono abbastanza grandi da essere notate ed ostacolare oggettivamente gli interlocutori come una porta o un muro che impedisce anche la vista. Quello che non sappiamo perт и che anche un semplice oggetto che si piazza al centro tra noi ed il nostro interlocutore costituisce una barriera e tra questi troviamo: una pila di libri, un portapenne, un computer (in questo caso molto comune nei video formativi disponibili online), un oggetto da scrivania qualsiasi ed addirittura un bicchiere d'acqua o una tazzina di caffи. Per apparire piщ diretti e sicuri, manifestare fiducia in se stessi ed essere incisivo, dobbiamo togliere qualunque cosa intralci la vista tra noi e la persona, o le persone, con cui stiamo parlando. A volte se possibile anche la scrivania, come gli speaker che salgono sul palco. Una piccola parentesi per i video formativi online. Anche se parlare nel momento in cui si sta davanti al pc puт sembrare professionale e da uomo impegnato d'affari, questo и comunque un grande errore a meno che non sia necessaria la sua presenza. Quando siamo invece in piedi e stiamo per esempio camminando e chiacchierando con una persona, a primo impatto non esisterebbe nulla che possa avere la funzione di barriera ma la troviamo invece nel cellulare. Tenere un discorso, parlare anche tra amici o registrare un video mentre si tiene il cellulare nella mano rappresenta la piщgrande barriera che possiamo creare tra noi e l'ascoltatore. Invia il chiaro messaggio che stare lм la persona che avete davanti, non и la vostra priorita che si trova evidentemente nel vostro smartphone. Potrebbe sembrare scontato ma soprattutto duranti gli incontri in strada tra giovani, molti chiacchierano animatamente con il cellulare tra le mani. A meno che non ci sia uno stretto rapporto, ed anche comunque in questo caso, sarebbe sempre bene evitare di tenere in bella vista e subito pronto all'uso il proprio smartphone. Possiamo passare quindi ad un'altra caratteristica del linguaggio del corpo: il contatto fisico o il tocco. La distinzione avviene nel momento in cui ci tocchiamo noi stessi o stabiliamo il contatto con l'altra persona. IL tocco che abbiamo su noi stesso spesso и una sorta di carezza al braccio o alla gamba ed indica che in quel momento stiamo particolarmente a disagio e ci conformiamo. Tutto ciт avviene soprattutto se abbiamo fatto o detto qualcosa di sbagliato o non consono in una situazione sociale oppure stiamo vivendo un'esperienza particolarmente stressante come un colloquio di lavoro o un concorso.

Per quanto riguarda invece il contatto con gli altri questo и molto discrezionale e dipende dall'occasione ma soprattutto dal rapporto che abbiamo gia instaurato con l'altra persona. Ci sono delle zone che in molti casi sono accessibili a tutti e non causano un particolare fastidio come ad esempio un tocco sul braccio, avambraccio o sulla mano. Altre zone sono piщ riservate ed intime e qui un tocco da parte di una persona estranea sara visto con timore e fastidio. Ci riferiamo quindi ad un tocco sulla spalla, sul tronco, sulla pancia, sul collo o sulla faccia. A meno che non ci siano delle situazioni che permettano tali movimenti, come in ambito seduttivo, tali tocchi non dovrebbero mai essere utilizzati se non vogliamo infastidire la persona con la quale stiamo parlando. Generalmente, nel linguaggio del corpo, si possono distinguere due tipi di contatto fisico nei confronti delle altre persone con le quali interloquiamo: il contatto reciproco ed il contatto individuale. Come possiamo gia intendere dal nome, il contatto reciproco и quello a cui и attribuito un significato ben preciso e reciproco dagli interlocutori stessi nel corso dell'interazione, ad esempio, stringersi la mano nel momento del saluto o sfiorare le guance per darsi gli auguri per un determinato avvenimento. Il contatto individuale invece и un segno unidirezionale, compiuto da una sola ed unica persona nei confronti dell'interlocutore e puт comunicare un rapporto di superiorita, dominanza o potere. Spesso il contatto individuale и messo in atto da chi ha una posizione o uno status anche sociale superiore e si sente fin troppo spesso "autorizzato" a toccare l'altro stabilendo un contatto fisico con colui che, secondo i suoi standard e la sua visione, occupa una posizione inferiore rispetto alla sua. Un esempio del contatto unilaterale и ad esempio portare il braccio sul collo dell'altra persona. Il contatto unilaterale non и per forza ed in ogni caso messo in atto da una persona che si sente superiore all'altra in qualche aspetto e quindi vuole far valere la propria superiorita in qualche modo. Puт anche essere pensato come un contatto genuino e senza pretese ma che, in molte situazioni e verso alcuni particolari interlocutori verrebbe facilmente compreso. Diciamo che in generale violare lo spazio personale della propria persona non rispettando la distanza per farlo sentire a suo agio и sempre un errore. Non deve perт passare il messaggio che il contatto fisico durante una conversazione sia sempre da condannare. Come abbiamo detto poco fa, и un errore quando non rispetta la distanza per farlo sentire a suo agio ma, tale distanza, cambia in base al rapporto che abbiamo con tale persona. Non credo che a nessuno dispiaccia che la moglie o la madre lo tocchi o gli accarezzi la spalla per consolarlo, discorso che cambia se a farlo и uno sconosciuto senza alcun motivo ben preciso. Con il contatto fisico abbiamo quindi concluso la carrellata di tutti gli aspetti del linguaggio del corpo positivo e quelli del linguaggio del corpo negativo. Dobbiamo perт ricordare che alcuni degli aspetti, dei gesti e delle movenze che abbiamo visto non si applicano a tutti i contesti soprattutto dal punto di vista della localita. Quelli di cui abbiamo parlato sono piщ che altro gesti e movenze che sono state studiate in base alla societa occidentale ma che, per alcuni aspetti soprattutto i gesti, troveranno poco a nessuna conferma in altri paesi come quelli orientali dove ci sono culture e usanze diverse che modificano quindi anche il significato del linguaggio del corpo sotto molti aspetti. Se prendiamo ad esempio una cultura completamente diversa come quella cinese riscontriamo numerose differenze sostanziali rispetto al nostro linguaggio del corpo. In generale, nei paesi orientali, l'eccessiva espressivita corporea и segno di maleducazione e mancanza di rispetto nonchй di invasione dello spazio personale che viene subito notata in questo contesto sociale. Anche il contatto visivo diretto e prolungato и vissuto come aggressivo irrispettoso, quasi come se fosse un gesto di sfida e di superiorita tanto che in ambito lavorativo, и quasi obbligatorio abbassare lo sguardo quando si parla con il proprio superiore soprattutto se quest'ultimo ci sta rimproverando. Una cosa curiosa di questa cultura che differisce molto dalla nostra и ad esempio il fatto che soffiarsi il naso e riporre il fazzoletto in tasca subito dopo и visto come un segno di grande maleducazione mentre, per assurdo, sputare in modo rumoroso per strada и piщ che concesso se non apprezzato anche per donne e bambini fino a quando solo nel 2013 и stato vietato nei luoghi pubblici. Tale pratica non и comunque vista di cattivo occhio come soffiarsi il naso e riporre il fazzoletto nella propria tasca dato che sputare rientra in una parentesi orientale piщgrande di pulizia del corpo secondo la quale tutto ciт che non fa bene al corpo dovrebbe essere espulso quanto prima possibile per non danneggiare inutilmente la salute della persona. Anche il saluto и molto differente rispetto a quello occidentale. In Cina infatti non и tollerato alcun saluto con baci ed abbracci in quanto violano lo spazio personale delle persone. Solo recentemente и stato accettato, non con poca fatica, il saluto con la stretta di mano dato che era particolarmente frequente e richiesto in contesti lavorativi internazionali e nelle grandi metropoli dove arrivano turisti da ogni dove. La gestualita и quasi assente e l'uso del corpo per l'espressione delle emozioni и assai raro negli interlocutori che, sin da piccoli, vengono educati a controllare in modo rigido le proprie emozioni e l'uso del corpo, le espressioni facciali, e la gestualita. Naturalmente questi sono tutti esempi presi da fatti reali che ci fanno capire in che modo lo stesso linguaggio del corpo possa essere vissuto in maniera differente in base al luogo in cui ci troviamo. Potrebbe aiutarci non poco in caso di viaggio fuori paese conoscere un minimo di cultura e linguaggio del corpo locale per non rischiare di offendere o fare qualcosa di sbagliato involontariamente. Possiamo quindi chiudere cosмl nostro capitolo, doveroso, sulle gestualita e le movenze che fanno parte del linguaggio del corpo e possono avere delle connotazioni negative o positive in base al contesto, al modo in cui si esprimono e come abbiamo appena visto anche in base quindi al luogo e la cultura in cui ci troviamo. Il linguaggio del corpo influenza le nostre relazioni e chi ci circonda ma, quello che in molti non sanno, и che il linguaggio del corpo influenza anche e soprattutto noi stessi ed in moltissima casi il modo in cui ci vediamo. Il prossimo capitolo sara quindi molto doveroso ed importante e vedremo come e perchй il nostro corpo pur renderci tristi o felici al di la delle condizioni esterne che ci riguardano.

COME IL LINGUAGGIO DEL CORPO CI RENDE TRISTI O FELICI

Anche se non sembrerebbe, il corpo ha particolare responsabilita del fatto che ci sentiamo felici o triste ed in generale del nostro umore. Che la causa della nostra infelicita sia piщo meno interna o esterna non importa, il nostro corpo in qualche modo riuscira a tradurla attraverso il nostro corpo e contribuira al nostro stato d'animo. Possiamo definire il nostro corpo come una sorta di spugna che in ogni modo assorbe gli stati d'animo che ci circondano e li riporta in superficie con movenza, postura ed in generale con il linguaggio del corpo ed i movimenti che abbiamo appena studiato. Avete mai notato che quando siamo tristi i nostri cari, ma anche colore che non ci sono cosмvicino, subito se ne rendono conto anche senza parlarci o senza che noi glielo diciamo? Hai poi notato, a tua volta, quanto и semplice vedere se una persona и triste in quel momento? Ci riferiamo naturalmente ad una persona che non si sforza a nascondere troppo i propri sentimenti, naturalmente se svolgo un lavoro a contatto con il pubblico e sono triste devo fare di tutto per nasconderlo e cosм la maggior parte delle persone non se ne rendera conto. Diciamo che и generalmente estremamente facile notare lo stato d'animo di una persona. Bene, da cosa lo possiamo notare? Й strettamente necessario parlare con la persona ed aspettare che ce lo dica? Naturalmente no dato che nella maggior parte dei casi lo possiamo capire semplicemente da quello che il suo corpo sta cercando di comunicare a gran voce ai nostri occhi. A questo punto, ci verrebbe da pensare che и il nostro corpo che si adatta alle emozioni che proviamo ed avremo anche ragione sostenendo cit. Quello perт che molte persone non sanno o che stentano a credere и che in realta il nostro corpo va anche ad influire sulle emozioni che proviamo e non и quindi solo vittima come una spugna che assorbe qualsiasi cosa. Il rapporto che si crea tra il nostro corpo, e quindi il linguaggio del corpo, e le emozioni che proviamo и una sorta di loop infinito iniziato senza dubbio da uno dei primi due e portato avanti dall'altro. Facciamo un esempio. Immaginiamo di aver preso un brutto voto ad un esame universitario o ad essere stati richiamati in modo imbarazzante dal nostro superiore sul posto di lavoro (questa и la causa scatenante), a questo punto l'emozione che sentiremo sara di sicuro tristezza mista a rabbia. Il nostro corpo sente che c'и qualcosa che non va e subito adatta le movenze del corpo alle nostre emozioni, inizieremo a camminare con la schiena curvata per la delusione, assumeremo il broncio e magari gesticolare in modo vistoso contro il nostro luogo di lavoro o istruzione. Questo и un classico esempio di causa effetto che avviene praticamente ogni giorno e quasi in ogni momento della nostra vita eccetto quando dormiamo senza sognare nulla. Questo и quello che tutti sanno, quello che molti ignorano invece и che vale anche il contrario. Se ci svegliamo senza che sia successo nulla e diciamo che la giornata non ha preso nй una brutta nй una cattiva piega, sara il nostro corpo a giocare un ruolo importante nel nostro umore. Ci svegliamo e senza motivo mettiamo il broncio e ci curviamo con le spalle, guardiamo sempre a terra, afferriamo la bottiglia d'acqua per bere in modo del tutto maldestro e scocciato.

In questo caso al nostro cervello arriva un chiaro messaggio: "Se il corpo sta inviando questi segnali vuol dire che siamo tristi" e magicamente anche il nostro umore, del tutto stabile fino a poco

tempo fa, si adattera al nostro corpo per una questione di coerenza. Se all'improvviso e del tutto senza motivo ci gettassimo a terra urlando e rannicchiandoci in un angolino il nostro cervello sara preso di sorpresa e sara tentato di farci provare paura, aumentare il battito cardiaco e la respirazione. Gli esempi che abbiamo appena fatto sono esagerati volutamente per capire il funzionamento del nostro cervello ma questo lavora in modo molto piщ sottile e sulle emozioni leggermente piщ defilate. Assumiamo una posa da vittima su di un palco nel momento del nostro speech e avremo l'impressione di non avere la folla in pugno e di dimenticare le parole, temere le domande e sperare finisca tutto presto. Teniamo invece una posa rilassata, o la cosiddetta posa da Superman con le mani lungo i fianchi, e ci sentiremo in potere della situazione, ricorderemo tutto e non vorremmo scendere piщ dal palco. * A tal proposito sono molto in voga i video speech TED, sono sicuro che almeno una volta vi siate imbattuti in uno di questi. Vi consiglio su questo argomento lo speech di Amy Cuddy sul linguaggio del corpo. *
Non si tratta solo di fiducia in sй stessi, di sicurezza, di tristezza o felicita. Una buona postura, anche se estremamente sottovalutata aiuta in molti aspetti della nostra quotidianita anche in quelli piщ impensabili. Sono state studiate teorie incredibili su questo aspetto del nostro cervello in relazione al nostro corpo che ci lasciano del tutto esterrefatti sulla perfezione del corpo umano. Pensiamo solo che la postura corretta и in grado di aiutare la memoria e lo studio ma non solo, anche i ricordi. Se non ricordiamo qualcosa infatti, potremo assumere la stessa postura che avevamo nel momento in cui abbiamo imparato o svolto una determinata azione e, molto

spesso, questo piccolissimo accorgimento andra a migliorare la nostra facolta di ricordare dettagli e fatti accaduti tempo fa. Altri collegamenti sono da ricondurre al decision-making ed alle stime. Sul ruolo delle stime abbiamo degli studi certi e molto particolari. Siamo abituati nella nostra cultura a scrivere i numeri da sinistra verso destra e quindi vediamo i piщpiccoli all'estrema sinistra che crescono man mano che ci spostiamo verso la nostra destra. Con la base di ciт и stato notato che piщ cambia l'inclinazione del nostro corpo e maggiore sara il bias o presupposto con il quale daremo delle stime a determinati fattori. Se siamo leggermente inclinati verso destra infatti tendiamo a sovrastimare una determinata situazione o un determinato numero mentre al contrario, se siamo inclinati verso sinistra tendiamo a sottostimare lo stesso parametro. La postura influisce naturalmente anche sui livelli della nostra energia. Una postura eretta tende a farci sentire maggiormente energici rispetto ad una piщ trasandata ed inclinata come allo stesso tempo la maggior parte delle persone si sentono maggiormente attivi dopo aver effettuato dei saltelli rispetto ad una passeggiata rilassante perchй durante lo sforzo maggiore il corpo assume una posizione del tutto verticale rispetto alla camminata dove con l'avanzare della fatica il nostro corpo tende a curvarsi inconsciamente. Abbiamo fatto numerosi esempi ma torniamo all'argomento cardine di questo capitolo: la felicita e come viene modificata dal nostro corpo in relazione al nostro linguaggio non verbale. Proviamo solo a pensare ad una persona felice, anche stereotipata. Schiena dritta, sorriso stampato sul volto e magari anche braccia aperte in segno di gioia. Il cervello esprime la felicita mandando tutti questi segnali che vengono quindi tradotti dal corpo come movimenti ma и vero anche il contrario: possiamo inviare con il corpo questi segnali per spingere il cervello a farci essere felici. Potrebbe sembrare un ragionamento contorto ma rientra negli esempi di memoria, public speaking o decision-making che abbiamo fatto poco fa. Basta sapere che per migliorare il proprio umore in poco tempo и necessario:

Migliorare la propria postura, dritta e con il petto in fuori, aiuta al cervello a capire che la situazione sotto controllo e siamo sicuri di noi stessi (su questo ci torneremo tra poco)

Sorridere, anche se non ne abbiamo voglia il cervello recepisce il messaggio che le cose stanno andando meglio e ci fara sentire piщsollevati. Sorridere non dcvc cssere perт statico, dobbiamo anche cercare in un certo senso di liberare per un momento la testa dai pensieri che ci tormentano e sperimenteremo un immediato miglioramento del nostro umore.

Evitare tutti i segnali di chiusura o insicurezza che abbiamo visto in precedenza come la carezza sulla gamba il braccio, le braccia incrociate ed il capo rivolto verso il basso.

Tutti questi accorgimenti potrebbero sembrare non funzionare ma basta provare per notare subito dei grandi cambiamenti nella persona e nell'umore di quell'istante. Se questi sono comportamenti che migliorano il nostro umore, quelli esattamente opposti, per forza di cose, vanno a danneggiarlo in modo silenzioso senza che a volte nemmeno noi stessi ce ne rendiamo conto. Da un poco di tempo gli studiosi del linguaggio del corpo stanno considerando le movenze fisiche, la postura ed in generale tutto ciт che non rientra nella sfera della comunicazione verbale per dare anche una forma ad alcune malattie come la depressione. Da un recente studio condotto dall'Universita di San Paolo in Brasile, sono stati studiati in modo contrastante i comportamenti di soggetti sani contro alcuni con depressione diagnosticata e sono state riscontrate moltissime differenze e pattern ricorrenti che danno subito un certo peso allo studio ed alla considerazione del linguaggio del corpo nel mondo. Alcune delle movenze tipiche possono essere facilmente riconosciute:

La scrollata di spalle, che molto spesso и accompagnata ad un sollevamento delle sopracciglia, pur essere riconducibile alla rassegnazione e all'impotenza che prova il soggetto con sintomi depressivi. Rappresenta quindi una sorta di passivita alla situazione che lo circonda e verso la malattia che riconosce come invincibile in molti casi.

La testa e labbra verso il basso, con la classica espressione di broncio, и riconducibile all'emozione della tristezza.

Un aumento della gestualita delle mani anche ingiustificato che mostra un chiaro sintomo di ansia, panico ed in generale agitazione verso anche una minima situazione fuori controllo

Le sopracciglia corrugate, pur avere pirц significati tra cui in dubbio o una lieve rabbia che accompagna il soggetto con tratti depressivi per tutta la durata dell'esperimento

Ultimo, e forse il pirц facile da leggere, il pianto.

Oltre ad un aumento di questi fattori di linguaggio del corpo negativo ritroviamo anche un minore frequenza invece di quel linguaggio del corpo che associamo invece a positivo tra i quali soprattutto:

Il contatto visivo, nel momento in cui si parla con una persona difficilmente il soggetto affetto da depressione manterra il contatto visivo ma tendera invece a distogliere lo sguardo e rivolgerlo soprattutto verso il basso

Il sorriso

Una postura corretta e verticale, sara evitata dato che fara sentire il soggetto troppo esposto all'ambiente esterno. Anche la postura da seduti sara sempre piщ chiusa possibile spesso accompagnata da tocchi di conforto
Come abbiamo visto, spaziando anche su di un campo molto piщampio come quello delle malattie associate al linguaggio del corpo, quest'ultimo и estremamente incisivo nel bene e nel male e crea quelli che possiamo definire dei vortici da cui и difficile uscire nel bene e nel male. Siamo felici, assumiamo gli aspetti di una persona felice e siamo piщ felici ancora e cosм anche l'inverso. Il corpo sara un amplificatore delle nostre emozioni. Conoscendo perт quali sono i punti fondamentali e quali aspetti andare a toccare, possiamo cercare seppur in minima parte di aggiustare la curva delle nostre emozioni anche solamente intervenendo sul linguaggio del corpo. Abbiamo visto per adesso nel dettaglio come il corpo influisce sui nostri sentimenti di tristezza e felicita, andiamo quindi a vedere come invece possiamo convincere il nostro cervello di un altro aspetto fondamentale, la fiducia in noi stessi.

LINGUAGGIO DEL CORPO: COME INFLUISCE SULLA FIDUCIA IN NOI STESSI

Uno degli argomenti piщ discussi ed una delle motivazioni per cui la maggior parte delle persone si avvicina allo studio del linguaggio del corpo и la ricerca della fiducia in se stessi. Aumentare la propria fiducia e la propria autostima gioca un ruolo importante per noi come individui e nel caso in cui ci troviamo di fronte ad una o piщ persone alle quali vogliamo mostrare il nostro valore. Il discorso и valido se dobbiamo parlare in pubblico, fare un colloquio di lavoro o parlare con una persona che reputiamo importante nella nostra vita. Una persona sicura di sй viene vista, soprattutto in ambito lavorativo e professionale, con un occhio di riguardo in quanto maggiormente carismatica ed apprezzata anche se non per forza piщ performante rispetto ad un'altra. In questo caso, vale lo stesso principio dei messaggi di felicita e tristezza emanati dal nostro corpo: nel momento in cui assumiamo una posizione che dimostra agli altri fiducia in noi stessi, come la cosiddetta posa di Superman, automaticamente il corpo ci invia un segnale che aumenta anche realmente la fiducia che abbiamo in noi stessi. Scopriremo in realta che non ci sono dei segreti incredibili per aumentare la fiducia in noi stessi ma piuttosto sono quasi i soliti concetti applicati in momenti differenti per ottenere il risultato che cerchiamo. Gli occhi sono particolarmente importanti, ed и di fondamentale importanza riuscire a mantenere un contatto visivo continuo con la persona che ci и di fronte in modo da mostrare e trasmettere sicurezza continuamente. Una persona che evita lo sguardo degli altri infatti pur essere considerata debole, o ancora peggio come qualcuno che ha qualcosa da nascondere. Oltre agli occhi conta anche la postura del corpo: si tratta di un riflesso involontario del nostro atteggiamento e deve dimostrare sicurezza perт sfociare nell'arroganza e nell'esagerazione come abbiamo visto in precedenza. Tenere la schiena dritta senza sembrare innaturali in questa posizione, cercare di rimanere rilassati ma senza lasciarsi andare. Questi sono solo alcuni dei piccoli trucchi che faranno capire subito alla persona con la quale state conversando che siete a vostro agio nel discorso, siete interessati alla conversazione e sarete in grado di portarla avanti senza alcun problema. Ovviamente non possiamo dimenticare uno dei fattori piщ importanti: la gestualita sebbene tutto comincia con una semplice stretta di mano oltre a quest'ultima dobbiamo curare anche le gestualita successive come abbiamo visto nel capitolo del linguaggio del corpo negativo e positivo. Non tutti i momenti sono ideali per mostrare fiducia in se stessi. Ci sono infatti delle occasioni dove potrebbe essere piщvantaggioso non mostrare di essere troppo fiduciosi in se stesso. Alcune di queste occasioni possono essere quando vogliamo imparare qualcosa di particolare o cerchiamo di essere empatici e capire le emozioni per mettersi nei panni di chi abbiamo di fronte. In questi casi essere fiduciosi non solo non и un vantaggio, ma potrebbe anche essere uno svantaggio a tutti gli effetti. Apparire troppo fiduciosi non solo non ci fa entrare in empatia con il prossimo ma non rende nemmeno facile all'altra persona, per riprendere il primo esempio appena citato, di spiegarci qualcosa nella maniera piщ efficiente ma utilizzera piuttosto un linguaggio molto piщ elevato ed inutilmente complicato per poter apparire anche lui come esperto e fiducioso della sua spiegazione. Come possiamo aumentare la nostra fiducia in noi stessi, con gli accorgimenti che abbiamo studiato fino ad adesso la possiamo anche studiare nelle altre persone che hanno su di noi una certa influenza ed un certo carisma. Oltre a quelli che abbiamo gia appreso essere dei comportamenti virtuosi per aumentare la fiducia in noi stessi, ne esistono altri molto piщspecifici per riuscire a svolgere questo compito con particolare efficacia. Uno dei metodi che non abbiamo visto in precedenza ma assume particolare importanza per ottenere una maggiore fiducia in se stessi o semplicemente apparire come persone fiduciose in un dato contesto, и posizionarsi a sinistra dell'interlocutore. Il nostro cervello in qualche modo da la priorita a coloro che si trovano a sinistra, a causa della nostra scrittura e numerazione, e quindi colui che si trova a sinistra avra a parita di status maggior importanza. Un altro motivo и strettamente collegato alla stretta di mano. Nelle situazioni formali, che saranno per la maggior parte quelle in cui vorremmo dimostrare fiducia in noi stessi, и di solito la persona che si trova all'estrema sinistra ad iniziare a stringere la mano alle persone. Questo comportamento di iniziativa, unito alla posizione nello spazio, crea una strana soggezione all'interno del gruppo che ti fara percepire come leggermente superiore agli altri presenti seppur per un breve momento. Naturalmente tale tecnica funziona a patto che non ci siano delle differenze chiare di status all'interno del gruppo. Per quanto sia brutto dirlo, se siamo degli operai a cena con dei grandi proprietari aziendali, metterci a sinistra o tutti gli altri accorgimenti, potranno solo dare fiducia in noi stessi ma non saranno visti come potenza e controllo della situazione dato che ci troviamo di fronte ad un bias preventivo.

Abbiamo quindi vista una panoramica generale e teorica sul linguaggio del corpo in generale. Possiamo passare quindi adesso a come questo debba essere utilizzato nella vita di tutti i giorni e soprattutto come ci pur dare effettivamente un vantaggio comunicativo.

Linguaggio del CORPO

2 Libri in 1

DALLA TEORIA ALLA PRATICA: COME PRENDERE CONSAPEVOLEZZA DEL LINGUAGGIO DEL CORPO E COME UTILIZZARLO IN MODO PRATICO NELLA VITA DI TUTTI I GIORNI. ESEMPI E SITUAZIONI PRATICHE IN CUI SI APPLICA IL LINGUAGGIO NON VERBALE

Libro 2

LINGUAGGIO DEL CORPO:
PRATICA

Mariano Dentice

PRENDERE CONSAPEVOLEZZA DEL LINGUAGGIO DEL CORPO

Il bello del linguaggio del corpo и che ci insegna un comportamento fondamentale che ci sara utile durante tutta la nostra vita: osservarsi e mettere in discussione se stessi. Per quanto possiamo sforzarci ad imparare tutte le tecniche, comprese di dettagli e tempistiche, del linguaggio del corpo che sono state studiate nell'ultimo mezzo secolo, sara sempre difficile applicarle alla nostra vita quotidiana fino a quando non capiremo effettivamente cosa stiamo sbagliando nella nostra comunicazione non verbale. Come primo passo quindi abbiamo quello di osservarsi e prendere consapevolezza dei nostri movimenti e dei nostri gesti per andare a capire infine cosa comunicano ed in che modo possiamo modificarli a nostro vantaggio per prendere in mano la conversazione. Proviamo a pensare un qualsiasi momento in cui ci siamo rapportati per la prima volta con una persona estranea in un determinato contesto. Ad esempio quando siamo ad una festa o in viaggio e chiediamo ad uno sconosciuto di farci una foto. Vi siete mai chiesti per quale motivo abbiamo scelto quella persona e non un'altra intorno a noi? Soprattutto ad una festa o ad un concerto, perchй scegliamo proprio quella persona per scattarci la foto e non un'altra tra le migliaia intorno a noi?. Ebbene quest'aura che sprigiona la persona che abbiamo scelto dipende molto dal linguaggio del corpo che viene tenuto in quel momento. La nostra famosa foto, dobbiamo scegliere tra due persone: una и in un gruppo di amici ma abbastanza in disparte, con il broncio, spalle chine e sguardo rivolto verso terra di chi non voleva sapere nulla di quella festa ma и venuto ugualmente a malincuore e un'altra persona si trova sempre in un gruppo di amici ma la vediamo sorridere, schiena diritta e gesticola con le mani come se si stesse divertendo da pazzi. Personalmente quale persona vi sentireste piщpropensi a scegliere per scattare una foto di un secondo? Naturalmente la 2. E ciт avviene nonostante sara la prima persona a doversi scomodare meno nel farci questo favore dato che non sta parlando con gli amici e non и integrato nel discorso. Scegliamo la seconda persona perchй ha un linguaggio del corpo piщ aperto, cordiale ed accessibile. Se fossi un ladro quale casa punterei a svaligiare prima, quella con finestre e porte aperte e quella dove intravedo un bel sistema di sicurezza con finestre chiuse e porta blindata?. Per quanto possa sembrare assurdo, il nostro corpo in maniera non razionale ha da solo scelto, e possiamo dire azzeccato, la persona giusta alla quale chiedere di scattare una foto ed и allo stesso tempo la persona che meno probabilmente dira di no alla nostra richiesta. Abbiamo processato in pochissimi istanti, attraverso uno sguardo veloce, tutte le persone che ci circondavano ma siamo stati catturati in base al linguaggio del corpo della persona piщ aperta. Per quanto possiamo stare in silenzio, il nostro corpo и un grande chiacchierone e ne dice piщ lui sulla nostra personalita che noi in ore di conversazione. Per trasformare quindi il nostro linguaggio del corpo in una voce potente и necessario riuscire a calibrare in modo che possa comunicare tre punti principali: apertura, fiducia ed interesse. La comunicazione non verbale ha degli svantaggi e vantaggi in base al fatto che ne prendiamo o meno consapevolezza. Uno degli svantaggi della comunicazione non verbale, nel momento in cui non siamo consapevoli di quello che stiamo comunicando, и che si tratta di un linguaggio che agisce nel subconscio ed и difficile controllare se non con molto allenamento e pratica. I vantaggi sono perт allo stesso tempo estremamente elevati nel momento in cui abbiamo controllo di come ci stiamo muovendo e di cosa stiamo dicendo. Se alle parole giuste accompagniamo infatti il movimento adatto per quel contesto queste ricevono ancora maggiore attenzione e pesantezza dato che sono giustificate anche dai nostri movimenti. Quanto potrebbe valere un discorso motivazionale da parte di qualcuno che sta seduto mezzo rannicchiato sulla sedia con gambe e braccia incrociate e si accarezza continuamente la gamba distogliendo lo sguardo dal pubblico? Non significa che quello che stia dicendo sia sbagliato ma и il come, e tutto il contorno che lo accompagna a non essere in linea con le parole che perdono quindi inevitabilmente un certo valore.

Per quanto un rapporto possa essere un qualcosa di difficile da costruire in poco tempo, la prima impressione и quella che ci presenta e sarebbe importante non sbagliare. Sebbene sia sempre possibile invertire la situazione anche dopo un disastro di dimensioni colossali, и bene non iniziare male per non avere la strada in salita. Quando ci riferiamo ad una buona prima impressione non intendiamo un qualcosa che deve essere standard per tutti e soprattutto non vogliamo fingere di essere le persone che non siamo solo per fare bella figura a primo impatto. Per "fare una buona prima impressione" intendiamo comportarci in modo coerente facendo sмche tutto ciт che diciamo abbia anche un riscontro dal punto di vista non verbale. Essere autentici nei movimenti e nelle parole e quando riusciremo ad avvicinarci quanto piщpossibile a questo faremo sempre una buona impressione perchй saremo autentici ed automaticamente trasmetteremo fiducia e sincerita. Un piccolo esempio di comportamento contrastante alla prima impressione и semplice da fare. Immaginiamo di presentarci ad una persona con: "Ciao X, sono davvero felice di conoscerti non sai da quanto aspettavo questo momento" ed in tutto ciт, mentre pronunciamo queste parole, stringiamo la mano in modo molle e solo con le nostre dita, guardiamo a terra ed assumiamo un'espressione con il viso palesemente stufa ed annoiata. Possiamo capire quindi a questo punto che la prima impressione и formata da due componenti fondamentali: cosa diciamo verbalmente (comunicazione non verbale) e come agiamo (linguaggio del corpo). Queste due cose lavorano in simbiosi per poter non solo fare buona impressione, ma anche nel corso di qualsiasi conversazione. Tra le persone piщ apprezzate soprattutto alla prima impressione, abbiamo quelle confidenti ed allo stesso tempo sicure di sй. Questo tipo di persone riescono subito a prendere la fiducia degli altri perchй appaiono come persone sicure che non si interessano del giudizio degli altri ma si apprezzano per quello che sono. Quando invece durante una conversazione stiamo ad esempio parlando di un qualcosa di delicato, ad esempio il nostro lavoro, i nostri guadagni o il nostro status, agitarsi toccandoci gambe e braccia, rompendo le notte non facciamo altro che trasmettere ansia. Dobbiamo sempre, naturalmente quando possiamo, cercare di trasmettere leggerezza e sicurezza mantenendo costantemente un buon linguaggio del corpo, postura in primis. A proposito di postura, essere troppo rigidi in ogni caso non si rivela la scelta giusta. Come abbiamo gia detto la postura ideale sarebbe dritta ma allo stesso tempo leggera e rilassata. Distribuire bene l'equilibrio su ogni piede и fondamentale nel momento in cui ci troviamo di fronte al nostro interlocutore perchй sbilanciare il proprio peso non и una cosa ben vista e trasmette instabilita anche caratteriale. Per gli uomini, quando si trovano alzati, la distanza di un piede dall'altro indica potere e controllo della situazione. Per quanto riguarda la posizione dei piedi, che siamo seduti o alzati, sarebbe importante puntare i piedi verso la persona con cui stiamo parlando e mai fuori dal dialogo o spostati indietro. Quando si и troppo nervosi o ansiosi si potrebbe finire per muovere troppo i piedi e le mani ma bisogna fare attenzione dato che comunica insicurezza e naturalmente ansia nel confrontarsi.

Lo stesso principio vale per i gesti, gesticolare in modo insensato e troppo feroce ci fara apparire molto agitati mentre, farlo in un certo modo esponendo i palmi delle mani, ci dara fiducia e sicurezza oltre a farci apparire piщ affidabili e trasparenti. Possiamo dire che naturalmente, durante una conversazione, l'interesse che mostriamo e quello che riceviamo и proporzionale e diretto. Nel momento in cui ci mostriamo particolarmente interessati a quello che sta dicendo il nostro interlocutore, anche lui sara portato ad interessarsi alle nostre parole quasi per sdebitarsi e ricambiare il nostro tempo e la nostra attenzione. Per dimostrarsi maggiormente aperti ed interessati alla piega che la conversazione sta prendendo possiamo decidere di tenere un comportamento aperto, sorridere spesso ed annuire con regolarita. Bisogna perт capire prima di tutto che annuire non significa essere d'accordo su dei determinati punti o semplicemente dire di sм al nostro interlocutore. Annuire con il capo assume anche un significato diverso: quello di capire cosa ci sta dicendo il nostro interlocutore ed entrare quindi in empatia con i suoi pensieri.

Per stabilire una maggiore connessione dobbiamo poi tenere un contatto visivo stabile con la persona con la quale stiamo parlando. Nel caso di una discussione tra due uomini, il dettaglio potrebbe farlo il modo in cui ci posizioniamo in relazione alla persona che abbiamo di fronte. Stare uno di fronte all'altro guardandosi negli occhi continuamente in alcune occasioni piщ che un gesto di apertura ed interessamento rappresenta un gesto di sfida. In queste occasioni и quindi opportuno mettersi di lato al nostro interlocutore per non sembrare troppo minacciosi.

IMPARARE A LEGGERE LA MENTE DEGLI ALTRI

Quando studiamo il linguaggio del corpo ed il suo utilizzo nella vita di tutti i giorni e nelle occasioni di comunicazione piщ importanti come un colloquio di lavoro o una chiacchierata con la nostra "fiamma", non dobbiamo dimenticare che tale linguaggio и bidirezionale ed in ogni caso per nulla statico. Il linguaggio del corpo del nostro interlocutore puт essere facilmente influenzato dal nostro di linguaggio non verbale ed allo stesso tempo quindi dobbiamo essere in grado di notare i movimenti ed i segnali corporei dell'altra persona con cui stiamo parlando ma anche prendere una consapevolezza profonda di come ci stiamo muovendo noi nello spazio dato che questi segnali sono per la maggior parte immediati ed i piщ forti vengono percepiti anche da un cervello non allenato. Per chiarire l'importanza di un linguaggio del corpo ad hoc che sia nostro alleato e non un ulteriore nemico quando veicolano il messaggio desiderato dobbiamo pensare che la comunicazione non verbale и importante per circa il 55% della nostra conversazione.

Albert Mehrabian, и un famosissimo psicologo statunitense e rinomato docente presso l'University of Los Angeles, nota anche come UCLA, una delle piщ prestigiose universita americane moderne. Tra il decennio degli anni '60 e '70, portт a termine uno studio rivoluzionario e fondamentale in merito all'importanza dei diversi aspetti della comunicazione, e quindi i differenti tipi di comunicazione, nella capacita di riuscire a trasmettere un messaggio quanto piщ chiaro possibile, persuasivo e privo di incomprensioni di ogni tipo. Questo studio cercava quindi di trovare il compromesso perfetto per creare la comunicazione efficace ed i principi per regolarla e renderla quasi infallibile. Albert Mehrabian con il suo studio, come possiamo immaginare arrivati a questo punto del manuale, evidenzia l'esistenza di tre componenti che sono alla base di qualunque atto comunicativo: il linguaggio del corpo, la voce, le parole. Questi dati, potrete giustamente pensare, non sono una novita nй tantomeno una rivoluzione nel mondo della comunicazione tra soggetti ed avreste anche ragione a pensarlo. Il fulcro dello studio, che lo resero rivoluzionario e fondamentale per tutti gli studiosi posteri, и che Albert riuscмad attribuire una percentuale fedele all'importanza di tutti i tipi di comunicazione che erano stati scoperti. Attraverso degli esperimenti su di un campione molto vasto, gli esperimenti furono divisi per stile comunicativo notando l'efficienza di coloro che utilizzavano solo comunicazione verbale, solo linguaggio del corpo o para-verbale o entrambi.

I dati emersi furono del tutto inaspettati e stupefacenti. Mehrabian formulт il modello del "7-38-55", secondo il quale la comunicazione tra persone avviene per il 93% attraverso segnali non verbali e soltanto per il 7% dal linguaggio verbale. Nel dettaglio: Il 55% и dato dalla comunicazione non verbale (in particolare quella legata a corpo e mimica facciale) Il 38% dalla comunicazione para-verbale (tono, volume, ritmo della voce, ecc.).

Il 7% dalle parole ovvero il contenuto verbale e quindi da quello che stiamo dicendo realmente al nostro interlocutore. Se ci pensiamo bene, questi dati sono sia interessanti che allo stesso tempo molto inquietanti. Tutto ciт si potrebbe tradurre quasi in una scarsa importanza per le parole ed una eccessiva focalizzazione sulle movenze che si rispecchiano il nostro carattere ed il nostro pensiero, ma sono anche movimenti involontari. Significa anche che ad un colloqui di lavoro, una persona totalmente preparata ma timida che affronta le domande con braccia incrociate ed accarezzando il braccio, sara recepita dal datore di lavoro come meno preparata di quella invece che non riuscirebbe a ricoprire la carica desiderata per mancanza di competenza ma che viene selezionata perchй appare molto piщ sicura di sй in ogni aspetto. Conoscere il linguaggio del corpo ci pone quindi un grande vantaggio che и quello di poter fare una distinzione tra ciт che si dice e come lo si dice senza trarre conclusioni in modo superficiale ed affrettate come spesso facciamo nella maggior parte delle relazioni. Quando parliamo di linguaggio del corpo dobbiamo perт riconoscere che abbiamo molta disinformazione su questo argomento e quasi delle false credenze cha vanno sfatate per riuscire ad essere piщefficienti all'interno della comunicazione e soprattutto nel momento in cui vogliamo leggere la mente della persona che abbiamo di fronte. Tra le varie false credenze che abbiamo gia affrontato nel corso di questo manuale possiamo riconoscere due fondamentali che risultano limitanti e non ci permettono di creare relazioni e comunicazioni efficaci. La prima falsa credenza che distrugge l'efficienza della nostra comunicazione e della capacita di lettura degli altri и pensare che un segnale ha sempre un significato univoco e da manuale. Pensare che segnale A corrisponde sempre e solo a significato B и una limitazione pesante nel nostro modo di intendere la comunicazione non verbale ed il linguaggio del corpo in particolare. I segnali che il corpo ci manda, o che noi mandiamo con il nostro corpo, vanno sempre interpretati in base al contesto in cui ci troviamo ed anche alla relazione che abbiamo con la persona. Lo stesso segnale potrebbe facilmente significare due cose distinte e separate, del tutto diverse a seconda della situazione in cui ci si trova ed appunto alla relazione che abbiamo con la persona con cui stiamo comunicando. Ignorare il semplice fatto che non esistono dei segnali statici e pensare che tutti rispondono allo stesso significato, и un biglietto gratuito per degli sbagli relazionali gratuiti che andranno a nuocere alla nostra comunicazione. Questo discorso purт essere facilmente inteso facendo l'esempio classico della postura sulla sedia. Una postura rilassata ed allungata su di una sedia potrebbe indicare una scarsa autostima in un contesto professionale come un semplice colloqui di lavoro cosмcome potrebbe diventare un segnale di rilassatezza in un contesto informale indicando che ci troviamo perfettamente a nostro agio nella situazione e con le persone che ci circondano in quel momento. Bisogna quindi sviluppare, quando cerchiamo di capire le intenzioni delle persone, una sorta di criticita che ci deve portare a ragionare in modo piщ approfondito su dei segnali che daremo per scontati.

La seconda falsa credenza che ho trovato con insistenza parlando ai miei seminari o con colleghi che si definiscono esperti in questo campo и quella che basta un semplice segnale anche abbozzato per poter definire una persona e le sue intenzioni, nonchй il suo stile comunicativo. Dobbiamo essere tutti d'accordo che un solo e semplice segnale non basta in alcun modo per definire una persona o la comunicazione. Le braccia incrociate non fanno una persona sempre insicura e difensiva. Il piщ grande errore che possiamo commettere quando cerchiamo di leggere una persona и limitarci infatti alla prima cosa che vediamo senza scavare nel profondo e soprattutto senza dare una minima possibilita a coloro che abbiamo di fronte. Questa credenza, o meglio questa abitudine, и dovuta all'era moderna in cui tendiamo a giudicare coloro che ci circondano sin dal primo momento e difficilmente riusciamo a ritrattare il nostro pensiero mettendolo in discussione. Una volta che ci siamo fatti un'idea di una persona, che sia questa assurda, sbagliata o corretta, difficilmente torneremo sui nostri passi e la metteremo in discussione dato che tutto ciт non solo и faticoso ma mette anche a dura prova il nostro ego. I segnali del corpo vanno sempre letti nel loro insieme e nel momento in cui ce ne sono abbastanza per poter trarre un minimo di conclusioni realistiche. Quando ci troviamo in queste situazioni dobbiamo assolutamente dimenticarci di giudicare tutto dal primo aspetto ma possiamo piuttosto notare determinati aspetti che assumono una maggiore importanza nel loro insieme: Ci sono determinati gesti o espressioni che ricorrono piщ frequentemente rispetto ad altri? Se ci sono questi gesti frequenti, possono essere giudicati come coerenti tra loro? Non accontentiamoci in nessun caso di un solo segnale per definire una persona o un suo stato emotivo nй tantomeno per capire che direzione sta prendendo la conversazione. Cerchiamo sempre di essere piщ elastici possibile perchи и solo questo il segreto per capire davvero chi abbiamo di fronte e quali sono le sue intenzioni. Tutto quello di cui abbiamo parlato fin adesso и iniziato con una premessa fondamentale: il linguaggio bidirezionale. Tutto ciт che cerchiamo di leggere nelle altre persone, gli altri possono leggerlo in noi per questo non dobbiamo mai dimenticarci che non solo la prima impressione и importante, ma dobbiamo prendere l'abitudine di eliminare determinati movimenti che in alcune situazione possono risultare scomodi dato che le prime volte sara difficile non tenere un determinato comportamento o movenza semplicemente pensandolo. Molti studiosi consigliano di provare a tenere lo stesso linguaggio del corpo nella maggior parte delle situazioni riprendendo le caratteristiche che possono avvantaggiarsi nella maggior parte delle relazioni che stringiamo nella vita quotidiana. Per esempio il linguaggio del corpo, e le sue movenze di fatto, che indicano rabbia e paura, incertezza e tristezza, sarebbe bene tenerle fuori da ogni tipo di conversazione dato che non ci potrebbero aiutare in quasi nessuna situazione (quasi perchй, a quanto pare, in alcune situazioni l'atteggiamento da vittima puт essere un asso nella manica ma questo aspetto rientra nella manipolazione mentale e non и proprio del linguaggio del corpo). Abbiamo quindi visto i principi fondamentali che riguardano la "lettura della mente" o meglio, capire attraverso il linguaggio del corpo in che modo le persone pensano e come si sentono in quel determinato momento. Questo ci offre un particolare vantaggio dato che come abbiamo visto la comunicazione tramite il linguaggio del corpo ha il 55% di importanza rispetto al solo 7% delle parole. Allo stesso modo possiamo, e dobbiamo, utilizzare le nozioni applicate anche su di noi per poter iniziare le relazioni o in generale una semplice conversazione nel migliore dei modi. Oltre a questi principi fondamentali, ci sono dei segnali oltre a quelli visti nei capitoli precedenti che ci permettono di leggere nel migliore dei modi le persone che ci circondano e che andremo subito a vedere nei minimi dettagli.

I SEGNALI DEL CORPO NELLA CONVERSAZIONE

Come abbiamo potuto osservare nei capitoli precedenti, esistono molti segnali che il corpo prova a mandare per esprimere le vere intenzioni e sentimenti della persona con cui parliamo e soprattutto di noi stessi all'esterno. Abbiamo anche visto come i segnali non verbali che lancia il corpo all'esterno siano validi naturalmente anche nei nostri confronti e perciт dobbiamo prestare molta attenzione ai movimenti involontari che ci troviamo a svolgere nel momento in cui stiamo parlando con un'altra persona. Dobbiamo ricordare che nel momento in cui parliamo di linguaggio del corpo ci riferiamo a molti aspetti quali: le espressioni del nostro volto, i movimenti involontari del nostro corpo, la postura che teniamo durante la conversazione o anche quando siamo da soli (che influenza i nostri sentimenti e le nostre percezioni), la distanza che decidiamo di tenere dal nostro interlocutore ed in molti casi anche l'abbigliamento soprattutto se ci troviamo in un contesto culturale differente da quello in cui siamo nati e cresciuti, basti pensare ad un abbigliamento occidentale nei paesi orientali tradizionalisti e cosмvia. Spesso non riusciamo nemmeno ad immaginare quanto sia importante la comunicazione non verbale e quanto comunichi all'esterno della nostra personalita e sentimenti che proviamo in quel momento.

Il primo segnale che possiamo vedere in una persona, in modo anche automatico ed immediato, и l'espressione del viso. L'espressione che si crea sul volto di una persona ci porta automaticamente a provare una veloce antipatia, simpatia o riesce addirittura a farci innamorare come il cosiddetto colpo di fulmine. Alcune ricerche condotte recentemente hanno dimostrato come addirittura il nostro cervello formuli spesso dei giudizi drastici e spesso insensati sull'intelligenza delle altre persone basandosi esclusivamente sulle caratteristiche che i loro volti hanno in quel momento. Le persone con espressioni maggiormente sorridenti e gioiose sono infatti percepite come piщintelligenti ed empatiche rispetto a quelle con il volto con il broncio. Il primo consiglio quindi che possiamo maturare e correggere della nostra comunicazione non verbale и quello di sorridere. In generale, tutte le espressioni del nostro viso, da quelle piщ evidenti a quelle piщ impercettibili, possono dire molto sulle nostre emozioni e sui nostri pensieri. Quando proviamo a leggere i segnali che il corpo manda, la prima cosa che notiamo di una persona sono spesso, oltre all'espressione facciale, gli occhi.

Gli occhi sono a mio avviso tra i segnali piщforti che il corpo possa lanciare ma che spesso sottovalutiamo. Quelli che spesso sono stati considerati come un dettaglio sono invece passati ad essere dei protagonisti indiscussi della comunicazione non verbale grazie all'avvento della pandemia. Con l'arrivo del virus infatti и arrivato anche l'obbligo di indossare la mascherina che lasciava intravedere del viso praticamente solo gli occhi. Grazie a questi ultimi abbiamo potuto intuire se una persona fosse triste, felice, imbronciata ed immaginare anche le emozioni che stesse provando in quel momento. Gli occhi infatti vengono spesso chiamati, sin dall'antichita, lo specchio dell'anima. Dato che di fatto non basterebbe un manuale intero per spiegare l'importanza, i movimenti e quanto sia importante il ruolo degli occhi quando parliamo di comunicazione non verbale, ci soffermeremo sulle caratteristiche piщimportanti che dobbiamo sempre notare nel nostro interlocutore e a cui dobbiamo prestare noi attenzione per calibrare la nostra comunicazione e linguaggio non verbale. Quello che puт fare la differenza и: il contatto visivo, il battito delle palpebre e le dimensioni della pupilla.

Per quanto riguarda il contatto visivo, nella maggior parte dei casi, и un segnale che va interpretato in modo prevalentemente positivo. Un interlocutore che ti risponde e conversa in modo animato guardandoti in modo chiaro e deciso negli occhi dimostra attenzione e interesse per tutto ciт che stiamo dicendo e porta quindi la comunicazione su di una base sana dalla quale partire. Un Interlocutore che non ti guarda negli occhi nel momento in cui state conversando al contrario, se distoglie piщ volte lo sguardo и probabile che sia immerso in altri pensieri che a questo punto reputa piщ importanti della comunicazione che sta mettendo in atto in quel momento. Allo stesso tempo un mancato contatto visivo durante la comunicazione puт anche significare che la persona in questione si annoia o che voglia nascondere i propri sentimenti per paura di aprirsi alla persona con la quale sta parlando e comunicando. La differenza per quanto riguarda il contatto visivo durante un dialogo, la fa anche il tipo di contatto. Bisogna ricordare che non tutti i contatti visivi sono uguali e rappresentano o comunicano lo stesso messaggio ma in base a determinate caratteristiche possono infatti comunicare tutt'altro. Un oratore che riesce a parlare ai suoi ascoltatori, e quindi al suo pubblico, con uno sguardo vero e diretto dimostra di essere piщ onesto e determinato rispetto a coloro invece che abbassano lo sguardo di frequente o continuano a vagare in modo frenetico con gli occhi in giro per la stanza pur di cercare di ridurre al minimo possibile il contatto visivo. Se il mancato o ridotto contatto visivo possono rappresentare un problema nella comunicazione di tutti i giorni e non solo, bisogna prestare attenzione anche l'opposto. Occhio quindi a non mantenere il contatto visivo con i tuoi interlocutori troppo a lungo ed in maniera troppo insistente. Questo atteggiamento puт essere infatti interpretato come un segnale di minaccia ed allerta. Hai mai notato in che modo gli animali si scrutano prima di procedere all'attacco? La parte inconscia del nostro cervello infatti tende a tradurre uno sguardo eccessivo come minaccioso e ci fa sentire in pericolo. Non и di certo la reazione che vogliamo suscitare ai nostri amici, clienti o in generale ascoltatori se vogliamo creare delle relazioni sane con loro. Allo stesso tempo molti cercano di accentuare questo aspetto per molti versi sbagliato soprattutto quando vogliono imporre una situazione di dominanza nei confronti degli altri. Tale situazione puт essere vantaggiosa nella creazione di rapporti in cui l'altra persona deve in qualche modo essere un gradino piщin basso rispetto a noi. La condizione si crea perт solo nel momento in cui ci sono altre caratteristiche che aiutano la situazione ad esempio quella del consulente strapagato ed il cliente inetto che non riesce a trovare la quadra del problema. In questo caso il consulente puт manipolarci e metterci a soggezione con lo sguardo fisso quasi ad evidenziare i nostri problemi ma come abbiamo gia specificato, esistono delle caratteristiche preventive in questo caso.

Tra gli altri segnali, oltre al contatto visivo, che possono essere molto incisivi per quanto riguarda una buona comunicazione non verbale troviamo il battito delle palpebre. Battere le palpebre и un movimento naturale ed involontario che compiamo centinaia di volte in un solo giorno e con frequenza diversa in base all'azione che stiamo svolgendo ed in base ai sentimenti che proviamo in quel momento preciso. Diventa quindi un segnale molto interessante quando modifichiamo senza rendercene conto la velocita e la frequenza di quel determinato momento. I segnali a cui possiamo prestare attenzione per quanto riguarda il battito delle palpebre и notare se il movimento diventa piщ rapido, meno rapido, come piщ frequente o meno frequente del solito. La frequenza e la velocita sono dei segnali molto forti a cui possiamo far riferimento e relativamente facili da cogliere dato che tenendo il contatto visivo come spiegato poco fa, non possiamo fare a meno di notare il movimento delle palpebre. In generale, chi и nervoso per una situazione o in una conversazione qualsiasi tende a sbattere le palpebre in modo piщ veloce ed agitato del solito. Allo stesso modo ma inversamente, coloro che riescono a tenerti lo sguardo addosso "fisso" e che non sbattono le palpebre in modo frequente molto spesso stanno cercando di controllare e reprimere le loro emozioni anche se con non molto successo. Il movimento delle palpebre insieme al contatto visivo abbiamo visto che и una potente arma di persuasione che viene e veniva utilizzata da molti anche famosi. Uno di questi si vocifera fosse Steve Jobs, CEO dell'azienda tecnologica Apple e considerato uno dei piщ grandi imprenditori e uomini di marketing di tutti i tempi. Durante i suoi colloqui o presentazioni era solito guardare in modo fisso e senza mai battere le palpebre i suoi interlocutori per molto tempo, tutto ciт con lo scopo di intimorire e manipolare quanto piщ possibile. Per concludere quindi i segnali del linguaggio del corpo che derivano dagli occhi, analizziamo velocemente le dimensioni della pupilla. La dilatazione di quest'ultima infatti и un segnale di comunicazione non verbale davvero molto sottile, trascurato e difficile da notare ma, allo stesso tempo, anche molto potente se riusciamo a leggerlo in modo efficace negli occhi del nostro interlocutore. LA dilatazione della pupilla deve naturalmente considerarsi al netto della condizione di luce. Cambi della luce dell'ambiente in cui si tiene la conversazione infatti rendono questo segnale del tutto inutile dato che la modifica della dimensione и quasi forzata dalla luce che entra nell'occhio. Quando non ci sono perт delle variazioni in questo fattore esterno, la pupilla tende a dilatarsi per interesse, alla persona o all'argomento di cui stiamo parlando, o con l' eccitazione sessuale che rende questo dettaglio non del tutto trascurabile soprattutto nell'ambito della seduzione per capire se la persona con cui stiamo parlando potrebbe essere interessata a noi. Come possiamo intuire perт, le pupille, le palpebre ed il contatto visivo sono molto variabili e non devono quindi essere viste come una scienza perfetta che non puт sbagliare ma vanno sempre contestualizzate con tutti gli altri segnali del corpo che vedremo e che abbiamo gia visto all'interno di questo manuale.

Tra le parti del corpo che comunicano tantissimi segnali durante una conversazione e che ci permettono di leggere quasi gli altri nel pensiero, troviamo i segnali che possiamo decifrare dalla bocca. Le microespressioni di questa parte del nostro corpo risultano davvero molto significative basti pensare alle espressioni che il nostro viso assume di disgusto, rabbia o felicita. La prima cosa tra tutte che dovremmo notare in una persona и il sorriso.

Il sorriso и sempre stato, e sicuramente restera nel tempo, uno dei piщ importanti segnali che il nostro corpo riesce a comunicare. Tale messaggio risulta, come и logico che sia, anche estremamente variabile in base ad alcuni fattori e dettagli che non sempre riusciamo a notare a primo impatto e se abbiamo un occhio poco attento. Basti pensare infatti alla sola posizione delle labbra che, in base ai contesti ed agli altri segnali del linguaggio non verbale, puт essere interpretato in moltissimi modi come disse lo stesso esperto Paul Ekman, studioso delle espressioni facciali, che riuscмincredibilmente ad individuare ben piщdi 15 sorrisi con differenze tra loro che davvero poche persone potevano notare ma che allo stesso tempo cambiano del tutto il significato di un semplice sorriso e del messaggio che ci sta comunicando. Tra gli studi di Ekman rientrarono anche l'onesta e la veridicita delle espressioni facciali che guardiano nelle altre persone tutti i giorni o che noi stessi riusciamo a mettere in atto. Possiamo infatti riconoscere ad esempio se il sorriso di una persona o del nostro interlocutore и sincero semplicemente notando i dettagli che compongono in toto l'espressione del viso. Quando ci troviamo di fronte ad un sorriso genuino e sincero infatti tutto il viso ne risente e non solo la bocca. Le labbra, con i suoi angoli a destra e sinistra delle estremita, tendono a sollevarsi spingendo la parte superiore delle guance verso l'alto e creando sul viso quindi delle piccolissime ma marcate rughe di espressione che vanno dai due angoli della bocca fino a salire verso il naso per poi finire agli occhi ed alla fronte. Gli occhi tendono, nella maggior parte delle persone, a chiudersi leggermente e formare come gia visto numerose rughe di espressione per poi causare un marcato arricciarsi delle palpebre. Quando al contrario abbiamo invece un sorriso falso, possiamo accorgerci in un batter d'occhio che non esiste alcuna corrispondenza diretta, come quella vista nel sorriso precedente, tra le diverse parti del viso di una persona.

Gli occhi risultano molto meno espressivi e non si rimpiccioliscono o arricciano rispetto a quando il sorriso и spontaneo ed onesto e, oltre agli occhi, possiamo notare la mancanza di tante rughe di espressione su tutto il viso fino ad avere delle guance abbastanza contratte a causa della forzatura del sorriso che si attivano quindi quasi in modo manuale e non automatico. Un sorriso non deve perт esprimere per forza felicita ma puт infatti anche essere un'espressione di sarcasmo, cinismo ed a tratti anche rabbia. In questi casi relativamente particolare abbiamo un movimento diverso delle labbra (verso il basso in caso di sarcasmo ed abbastanza serrate e dritte in caso di cinismo) che creano quindi un diverso angolo. Queste espressioni nonostante un movimento diverso dell'angolo della bocca presentano anche allo stesso tempo movimenti altrettanto marcati del resto del viso con molte rughe di espressione. Il sorriso meno espressivo e che coinvolge meno parti del viso и quello con le labbra serrate, sfoderato per un breve periodo di tempo e spesso nelle occasioni piщ formale. Quel leggerissimo accenno di sorriso che notiamo nel momento in cui ci stiamo presentando ad un'altra persona per esempio. Questo sorriso, il cosiddetto sorriso di cortesia, и tale sono in alcune determinate occasioni. In altre infatti puт essere facilmente e giustamente interpretato come un tipico sorriso di una persona abbastanza riservata o addirittura rabbiosa o timorosa nei confronti nostri o in generale dell'interlocutore che ha davanti. Un altro segnale molto forte che lancia la nostra bocca all'interlocutore con cui stiamo comunicando и il movimento che facciamo nel momento in cui increspiamo le labbra. Colui che stringe le labbra e le increspa quindi vuole comunicare, in modo involontario naturalmente, un avversione, disapprovazione o sfiducia verso il prossimo. Possiamo facilmente capire cosa si intende per increspatura simulando lo sguardo di una persona arrabbiata o disgustata. La "contrazione" delle labbra indica molto di piщdi ciт che si pensa proprio come mordersi le stesse. Tendiamo a mordere le labbra nel momento in cui ci sentiamo non solo ansiosi ma anche insicuri verso il discorso che stiamo avendo con l'altra persona. In alcuni casi, soprattutto in ambito lavorativo, mordersi le labbra fa apparire la persona come infantile e non viene dunque presa molto sul serio. Come possiamo immaginare e come abbiamo potuto capire sin dall'inizio di questo manuale, nessun movimento che facciamo con qualsiasi parte del corpo viene lasciato al caso nel momento in cui cerchiamo di leggere la persona che abbiamo di fronte nel pensiero. Quello che notiamo и anche il minimo movimento delle labbra verso il basso o verso l'alto. Ogni movimento infatti rivela una sensazione ed un'emozione unica nel suo genere che non aspetta altro di essere interpretata da occhio attento. Se le labbra sono discretamente alzate, che non si toccano tra di loro, in molti contesti и un segnale che la persona и felice e serena quasi come se si preparasse per un sorriso.

Al contrario, labbra rivolte verso il basso non sono un buon segno e rivelano nel nostro interlocutore o in noi stessi amarezza, tristezza e disapprovazione verso un determinato argomento. Questi movimenti della bocca sono molto evidenti e piщfacili da notare rispetto a quelli che abbiamo visto prima e dunque sono spesso fraintesi e dati per buono da chi non и esperto in linguaggio del corpo. Un corpo che appare palesemente infastidito e lancia chiari messaggi per farcelo capire spesso non viene filtrato dal cervello come tale se sulla faccia la persona forza ad avere un sorriso piщche compiaciuto. Dobbiamo ricordare in ogni caso che leggere il linguaggio del corpo di una persona non иsemplice ma deve comunque rifarsi a piщsegnali e non puт limitarsi solo a quelli piщfacili da cogliere come per esempio il sorriso stampato sulla faccia che, se guardiamo come dette il nostro interlocutore negli occhi, и la prima cosa che notiamo. Come abbiamo potuto notare molti dei movimenti soprattutto della bocca sono leggermente piщ marcati e quasi plateali e facili rispetto agli altri segnali del corpo. Alcuni sono estremamente evidenti come quello di coprire la bocca. La mano dinanzi alla bocca иil tipico gesto che mette in atto la persona che deve o vuole nascondere qualcosa al nostro interlocutore come dei sorrisi ironici o smorfie che di certo si sa gia che non saranno gradite dall'occhio di chi abbiamo di fronte. Se vediamo quindi una persona con la mano dinanzi la bocca solo una cosa иsicura: sta cercando di nascondere qualcosa. Allo stesso modo apparirai tu se provi a tenere la mano dinanzi alla bocca, una persona di cui и difficile fidarsi soprattutto a primo impatto. Le altre parti del corpo nascondono poi ancora altri segreti per leggere la persona che abbiamo di fronte.

Una parte del corpo che non possiamo non approfondire in questa sezione dei segnali del corpo и di sicuro il movimento delle mani che riguarda la nostra cultura e quindi noi tutti italiani in modo particolare. In tutto il mondo, gli Italiani sono considerati dei veri e propri artisti nel gesticolare in ogni singola situazione e senza che ci sia reale bisogno di farlo. Quando diciamo che gli italiani gesticolano dobbiamo specificare che tutti lo fanno, fuori e dentro la nostra nazione dato che gesticolare aiuta la conversazione ed anche l'ascolto di coloro che abbiamo di fronte. Diciamo che siamo famosi particolarmente per i gesti coloriti e forse l'eccessiva frequenza con cui lo facciamo ma, come puoi ben immaginare, gesticolare nel giusto modo non puт far altro che aiutare la conversazione. Le nostre mani perт, oltre ai gesti, possono nascondere tanto altro e far capire molto su di noi e su chi ci sta intorno. Pensiamo a tutti quei movimenti comunicativi che facciamo durante tutto il giorno e con chiunque. Te ne viene in mente qualcuno? Se ci pensi bene non dovrebbe essere difficile trovarne alcuni ma voglio che tu chiuda gli occhi e ci pensi per una manciata di secondi, circa 10. Quanti ne hai trovati?. Nella vita quotidiano comunichiamo molto con le nostre mani in modi che spesso non ci rendiamo nemmeno conto. Avete mai accarezzato un gatto, un cane o dato una semplice carezza ad un bimbo sul suo liscio faccino? Questo и un chiaro segno per comunicare affetto a persone ma anche animali e lo facciamo in automatico, senza che nessuno ci insegni mai a farla come se fosse un istinto innato. Quando stringiamo la mano, se siamo persone dal carattere particolarmente forte avete notato quanto и fastidiosa una stretta di mano con le punte delle dita molli e senza determinazione? O ancora, avete mai messo la mano sulla spalla di un amico per consolarlo o prima di confessare un qualcosa che a voi sta particolarmente a cuore? Siete mai stati mano nella mano con il/la ragazza/o che vi piaceva? Sono tutte cose che facciamo in modo automatico ma che riescono a comunicare tanto di quello che siamo e di come siamo fatti. Le mani dunque veicolano le nostre emozioni e la nostra forza in modo da trasmettere un messaggio molto chiaro sulla nostra personalita e su quello che vogliamo comunicare le emozioni provate in quel determinato momento. Spesso si possono vedere addirittura persone gesticolare mentre parlano al cellulare. Una persona a proprio agio che si trova per l'appunto in un ambiente in cui si sente a casa ed ancora a suo agio tende ad avere una gestualita particolarmente marcata con gesti ampi, frequenti e coloriti. Nel caso in cui siamo di fronte, o siamo noi stessi in quella situazione, persone particolarmente agitate che non si trovano a loro agio in quella situazione o contesto, possiamo notare in che modo la gestualita sara molto ridotta a causa delle emozioni negative che proviamo in quel momento. Oltre a comunicare se ci sentiamo o meno a nostro agio in una determinata situazione, le nostre mani possono anche comunicare in modo ben preciso se in quel momento ci sentiamo particolarmente aperti e disponibili verso richieste ed in generale comunicare con un'altra persona. Se notiamo nel nostro interlocutore che le sue mani sono aperte (con il palmo verso l'alto preferibilmente, ma non per forza) significa che la persona и disponibile al massimo e non si fara alcun problema per lo meno ad ascoltare cosa abbiamo da dire in quel momento. Se notiamo invece che la persona che abbiamo di fronte ha le mani chiude o addirittura strette a pugno significa che la situazione in cui si trova non lo mette a suo agio ma anzi, causa fastidio ed aggressivita ed и quindi bene stare attenti quando interagiamo con questo tipo di persone. Naturalmente stare attenti va preso con le pinze infatti non significa che la persona ci aggredira ma significa che la troveremo sicuramente piщ chiusa rispetto agli altri. Diciamo che se cerchiamo di fargli firmare la nostra petizione per salvare la tartaruga gigante dalle Maldive dobbiamo porci in modo diverso e meno scherzoso ma comunque cordiale. Se infine notiamo che le mani dell'interlocutore sono intrecciate questo и un segnale come il semaforo giallo che indica solo avvertimento. Per tutte le volte che notiamo invece che le mani del nostro interlocutore sono nascoste sotto il tavolo, nelle tasche di pantalone e giacca o sotto qualche oggetto, vale lo stesso discorso della bocca coperta. L'interlocutore non ha in alcun modo intenzione di rivelarsi completamente a noi ma questo non va preso per forza come un codice rosso o segnale di pericolo infatti all'inizio, nel momento in cui conosciamo una persona e quindi al primo impatto, difficilmente tutti saranno aperti a nuove conoscenze o almeno non tutti si fideranno a prima vista di noi soprattutto se non ci conoscono. Tutto ciт rende quindi il comportamento di nascondere le mani quasi automatico soprattutto quando la persona non si sente molto ad agio con noi.

Questo comportamento non indica perт timore, aggressivita o altro in quando la persona si pone comunque di solito abbastanza sfacciata. Leggermente diverso invece quando la persona ha una sola mano in tasca che nella cultura popolare invece indica una persona sicura di sй ed abbastanza lanciata nella conversazione ma, come sempre, il tutto va dosato in base anche al contesto ed al contorno che circonda il linguaggio del corpo. Anche quando non ce ne accorgiamo quindi le nostre mani possono comunicare moltissimo al posto nostro e questo и un'arma a doppio taglio. Accompagnare le parole con movimenti del corpo coerenti con ciт che stiamo dicendo ha la potenza di aumentare di molto la nostra forza in una conversazione oltre a farci apparire molto piщ coerenti. Prendiamo l'esempio di uno dei comunicatori che meglio uniscono linguaggio del corpo e linguaggio verbale: Barack Obama. Basta vedere uno dei suoi vecchi discorsi pubblici per capire quanto и stato bravo ad accompagnare alle parole le movenze adatte alla causa. Oltre alle mani come abbiamo appena finito di studiare ed oltre alle labbra ed agli occhi, abbiamo altre parti del corpo che comunicano molto al posto nostro e sono le braccia e le gambe. Alcune delle cose che stiamo per dire possono sembrare una ripetizione ma doverosa con precisazioni riguardo ad alcuni aspetti trascurati in precedenza che vanno ad aggiungere dettagli importanti al gia conosciuto linguaggio delle braccia e delle gambe sulle quali esiste una forte speculazione di coloro che non sono esperti della comunicazione non verbale.

Per quanto riguarda infatti i movimenti involontari delle braccia e delle gambe, questi sono dei veri e propri "chiacchieroni" perchй dicono davvero molto su di una persona naturalmente senza nemmeno volerlo. La particolarita di braccia e gambe и che compiono movimenti abbastanza ampi e per niente scontati che subito vengono notati dai piщ attenti e dicono molto su come la persona si sente in quel determinato momento. Distendere in modo vistoso le braccia con gesti ampi ed abbondanti и non solo un segnale di buona autostima ma anche un segnale che, nel contesto e nel luogo in cui ci troviamo, ci sentiamo pienamente a nostro agio nel parlare e nel compiere le minime azioni. Il dipendente al suo primo giorno di lavoro tendera ad "occupare" meno spazio sia con il proprio corpo che quindi anche con i gesti dato che per qualche giorno non si sentira del tutto a proprio agio. I movimenti di questi arti sono interpretati anche nel mondo animale come un segnale di dominanza e controllo della situazione e del territorio. Al contrario, come puoi oramai ben immaginare, il gesto di rimpicciolirsi, avvicinare le braccia al corpo e quasi non compiere gesti и un chiaro segnale di una persona che non и pienamente a proprio agio ma anzi cerca di sottrarsi dall'attenzione e non dare nell'occhio. La situazione particolare in questo caso si manifesta nel momento in cui una persona che puт essere definita nuova in un determinato contesto и invece troppo espansiva con movimenti troppo ampi che non sono tipici di una persona che inizia ad esempio un nuovo io impiego lavorativo.

Questo comportamento potrebbe allontanare all'inizio chi ci circonda dato che sembriamo troppo aggressivi ed anche sbruffoni. Come un ospite che viene per la prima volta a casa nostra e prepara un panino di sua spontanea volonta. Andando avanti nel nostro studio dei movimenti di braccia e gambe, non possiamo non citare le famosissime braccia incrociate che tanto fanno discutere esperti o pseudo esperti di tutto il mondo. La definizione standard di una persona con le braccia incrociate и abbastanza statica ed и bene prenderla davvero con le pinze. Pensiamo sempre infatti che tutti coloro che abbiano le braccia incrociate siano delle persone chiuse, sulla difensiva e che non vogliono essere disturbate ma и davvero sempre cosм? Una persona che incrocia le braccia in inverno и sempre una persona chiusa o ha semplicemente freddo? Dopo le braccia possiamo passare alle gambe dove l'interpretazione и abbastanza piщ semplice e potremmo dire anche statica. Di solito coloro che incrociano le gambe vogliono mantenere la loro privacy e ci tengono alla distanza personale soprattutto se le gambe vengono incrociate da seduti. Se le gambe si incrociano da alzati invece, potrebbe essere in base al contesto interpretato come un segnale infantile o scherzoso dato che и un atteggiamento molto diffuso tra i ragazzi. La movenza tipica che invece riguarda insieme braccia e gambe и la cosiddetta posa di Superman gia analizzata in precedenza. Come abbiamo detto infatti, gambe leggermente divaricate alle quali si aggiungono braccia tenute sui fianchi, и la posizione per eccellenza per dimostrare potere, controllo ed autostima nonchй la posizione che molti esperti di autostima consigliano di assumere nel momento in cui non ci sentiamo molto a nostro agio o prima di un evento importante. Questa posa viene usata infatti anche quando si и da soli ma, usata in pubblico, deve prevedere di solito un rapporto gerarchico forte nel contesto in cui ci troviamo. Ad una conferenza di lavoro ci sono 5 capi e 100 dipendenti. Questa posa и perт consigliabile solo se siamo dei capi ed abbiamo quindi un tangibile rapporto gerarchico dato che potrebbe infastidire in alcuni casi le persone con cui condividiamo il nostro spazio che si potrebbero sentire inconsciamente intimorite e quindi non a loro agio. Oltre alle movenze che il nostro corpo puт compiere e con le quali come abbiamo visto possiamo comunicare tantissime cose con semplici gesti, con il passare del tempo la societa ha arricchito il suo modo di comunicare in modo non verbale con indumenti ed altri ornamenti o per lo meno con tanti accessori che sono esterni alla natura vera e propria del nostro corpo. Tra questi accessori che fanno comunque parte della comunicazione non verbale possiamo trovare i vestiti, i gioielli di ogni tipo, gli occhiali da sole, le acconciature piщo meno appariscenti che diamo ai nostri capelli, i colori che indossiamo ed infine anche il modo con cui interagiamo con i nostri oggetti non sono altro che una sorta di estensione del nostro linguaggio del corpo. Facciamo qualche esempio per capire meglio quello di cui stiamo parlando. Vi и mai capitato di vedere una persona che durante una riunione di lavoro si allaccia a slaccia continuamente il cinturino dell'orologio? O una che tocca continuamente la cravatta? Bene, questi possono essere tutti segnali che la persona и nervosa e dunque non a proprio agio con la situazione in cui si trova. Mai notato poi tutte le persone che durante una conversazione continuano ad accarezzarsi i capelli in modo insistente e sorridendo vistosamente? Probabilmente hanno un debole per la persona con cui stanno parlando e che in quel momento stanno guardando ma approfondiremo questo tema successivamente nella sezione dedicata. Tutto ciт che stiamo dicendo al riguardo degli accessori all'interno della comunicazione non verbale si puт sintetizzare nel fatto che, sapendo cogliere i giusti segnali e la giusta situazione, le persone quando comunicano lasciano tantissimi indizi sparsi che ci permettono di capire le loro intenzioni buone o brutte che siano. Con questa piccola parentesi sugli accessori, ed i dettagli che possiamo leggere all'interno di una conversazione, possiamo proseguire applicando tutto ciт che abbiamo imparato fin qui in delle situazioni piщpratiche che ci possono servire nella vita di tutti i giorni. Come noteremo, i segnali che possiamo leggere in una persona sono spesso gli stessi ed i movimenti molto simili tra di loro. Tutto ciт assume un significato piщprofondo nel momento in cui riusciamo a dargli un contesto.

LE BUGIE HANNO LE GAMBE CORTE

Quante volte abbiamo pensato che una persona ci stia mentendo invece di dire la verita. Se siamo davanti ad un bugiardo sara molto difficile capire che quello che sta dicendo non corrisponde alla verita soprattutto se la bugia in questione и stata ben studiata e non ha dei buchi che fanno acqua da tutte le parti. L'unico modo per capire se ci stanno mentendo, nel caso in cui la menzogna in questione sia stata ben studiata, и quello di guardare il linguaggio del corpo che questa persona comunica in modo involontario. Se le sue parole possono non corrispondere al vero, allo stesso tempo il corpo anche se forzato non potra modificare tutti gli atteggiamenti involontari e quindi sara relativamente facile sgamare il bugiardo in questione. In questa sezione vedremo quali sono la maggior parte delle caratteristiche di una bugia con tutti i risvolti pratici riprendendo i segnali del corpo che gia abbiamo visti ma adattandoli al contesto della menzogna e, solo dopo, andremo a specificare il modo pratico che possiamo utilizzare e che utilizzeremo per capire se quello che ci sta dicendo una determinata persona sia piщo meno una bugia.

LE CARATTERISTICHE DI UNA BUGIA

Sebbene molte persone ancora non ne siano a conoscenza, il linguaggio del corpo puт aiutare a sgamare una bugia. Secondo la maggior parte di neuropsicologi ed esperti della comunicazione e del comportamento umano la maggior parte di tutto ciт che viene detto non risiede solo nelle parole ma soprattutto nei gesti, le espressioni e le posizioni del corpo hanno molto di piщ da rilevare oltre alla semplice parola. Riuscire ad avere confidenza con il movimento del corpo ed in particolare delle braccia, delle mani, degli occhi, dei piedi ed addirittura delle sopracciglia и un passo essenziale per scoprire quello che l'altra persona intende davvero e, nel caso, anche quali sono le bugie che sta dicendo dato che possiamo incorrere in alcuni pattern ricorrenti che non fanno altro che presentarsi ogni qual volta una persona ci mente. I professionisti affermano infatti che questo switch, vedere le cose da questo diverso punto di vista, ci permette di cogliere tutto di una conversazione e diventare quindi maggiormente efficienti in ambito relazionale e comunicativo. Il famoso psicologo comportamentale ed esperto mondiale di comunicazione, Alves, afferma con convinzione che durante una conversazione ci sono alcuni dettagli che il nostro corpo cerca di comunicare, quasi urla a gran voce ma passano inosservati a tutte le persone che non sanno cogliere o non sanno semplicemente come interpretarli nel migliore dei modi. Un pattern ricorrente studiato da Alves per quanto riguarda la menzogna a come le persone si comportano in tal caso lo ritroviamo in alcuni movimenti standard. Quando qualcuno cerca di nascondere la verita, di solito si copre la bocca, si tocca le labbra il mento o cerca addirittura di mettere degli oggetti davanti alle sue labbra per nascondere quello che dice. Ricordiamo che tutti questi movimenti sono involontari e non vengono quasi percepiti da colui che li compie. Altro movimento al quale possiamo prestare attenzione и il labbro. quando la persona tende a comprimere le labbra e serrarle in modo piщo meno vistoso significa che sta cercando di forzare se stessa a dire o non dire qualcosa e dunque non sta comunicando in modo trasparente con noi. Come gia detto poi nelle pagine di questo manuale, un segnale meno forte ma comunque allarmante и il nascondere i palmi delle mani che puт significare che la persona cerca di nascondere qualcosa nella sua conversazione. Quando mentiamo inoltre, siamo inclini a chiuderci in modo marcato ed a nascondere le mani nelle tasche, dietro la schiena o cercando di incrociare le braccia dato che questo movimento ci fa sentire piщal sicuro quando ci troviamo in una situazione di difetto e quindi a disagio proprio come quando diciamo una bugia. Oltre ai soli movimenti del corpo e quindi di palmi, braccia e gambe, in una conversazione anche lo sguardo, come abbiamo notato in precedenza, gioca un ruolo fondamentale. In particolare, quando l'altra persona guarda verso il basso sta in pratica dicendo di "no" con lo sguardo all'altra persona e dimostra quindi una situazione di imbarazzo, di vergogna e di come si stia evolvendo la relazione o l'incontro in quel determinato momento. Un altro segnale del nostro interlocutore che possiamo interpretare come un campanello di allarme per una menzogna и compie durante la conversazione movimenti rigidi, tesi e ripetitivi, con le mani, le braccia o le gambe.

Un luogo comune, che per una volta risulta corretto, и il fatto che grattarsi il naso potrebbe significare di dire una bugia ma ciт, come possiamo affermare per tutti i movimenti involontari del corpo durante la comunicazione non verbale, deve essere preso sempre con le pinze e non confondere colui che si sta semplicemente grattando il naso come uno che dice sempre bugie. Quando cerchiamo di capire se la persona con cui stiamo parlando ci sta mentendo, oltre ai movimenti, dobbiamo ascoltare e tenere ben presente il tono di voce che utilizza ed in che modo cambia ed in quale momento particolare. Quando si dicono delle bugie molto spesso, soprattutto quando colui che le dice non и particolarmente rilassato, il tono di voce cambia perchй il muscolo delle corde vocali si irrigidisce sotto pressione con l'aumentare del sangue pompato a causa del normale aumento del battito cardiaco in condizioni di stress. Quando parliamo di una persona che mente inoltre, dobbiamo prestare attenzione anche allo sguardo e dove cade quest'ultimo durante la conversazione. Una persona che ci sta mentendo non riesce a tenere il contatto visivo ed inoltre si guarda intorno in modo frenetico come se cercasse una risposta da qualche parte o meglio come se stesse cercando di inventarla nel minor tempo possibile. Come possiamo immaginare, conoscere i movimenti involontari ed imparare ad osservare il nostro interlocutore nel momento in cui comunica ci mette in una situazione di vantaggio rispetto a tutti coloro che sono all'oscuro di tali informazioni.

COME IDENTIFICARE UNA MENZOGNA

Per quanto ci possa sembrare un qualcosa di non onorevole, tutti gli essere umani possiedono la capacita di mentire che non и invece presente in nessun altro mammifero o essere vivente sulla terra. Questo perт risulta sotto certi aspetti anche normale dato che solo l'essere umano ha sviluppato una lingua cosмvaria e riesce a comunicare oramai come nessun altro animale и in grado. Tornando perт alle bugie, numerosi studi hanno suggerito che, in media, gli occidentali raccontano una o due bugie al giorno. Fortunatamente perт, gli esperti affermano che ci sono numerosi modi per individuare e quindi rispondere in modo efficace ai segni di falsita che ci troviamo ad affrontare durante una conversazione. Per identificare una bugia in modo piщ veloce e soprattutto in modo piщ attendibile, dobbiamo prima avere una base di come qualcuno agisce in modo onesto e quindi come si comporta quando non и nelle sue intenzioni dire una bugia. Questa teoria secondo la quale и necessario conoscere le caratteristiche di una persona e di come comunica in modo onesto и portata avanti da Traci Brown, esperto di linguaggio del corpo. Secondo il dottor Brown infatti, bisogna osservare in che modo la persona si comporta quando risponde a delle semplici domande come "come ti chiami?" o ancora "di dove sei?". Proprio in questo momento possiamo notare in che modo si muovono i loro occhi, come cambia la loro voce ed anche qual и la posizione di braccia, gambe e mani. Una volta stabilita questa linea di riferimento, cerchiamo quali cambiamenti nel comportamento abbiamo riscontrato in quattro diverse aree che bisogna prendere in considerazione: i movimenti involontari del corpo, le espressioni facciali che tiene la persona in questione, il tono della voce ed infine il contenuto del discorso. Sono questi infatti i cosiddetti codici di comunicazione che permettono di leggere le intenzioni della persona che abbiamo di fronte. Questi segnali, una volta creata una base con la quale possiamo confrontare i comportamenti, possiamo quindi paragonare in che modo la conversazione cambia nei diversi aspetti. Bisogna perт chiarire una volta per tutte che i segni che possiamo notare non sono per niente infallibili. Se qualcuno иa disagio, puт agitarsi. Se la persona che abbiamo di fronte и nervosa, la sua voce potrebbe cambiare e dobbiamo quindi tenere presente tutti questi fattori e mai dare per scontato che quel movimento significhi quella determinata situazione. Sebbene bisogni considerare i movimenti involontari che guardiamo in una persona come relativi al contesto ed alla situazione di partenza in cui sono stati comunicati, ci sono dei segnali che possono indicare con maggiore sicurezza quando una persona ci sta effettivamente mentendo dato che sono meno influenzati dagli altri fattori che stiamo man mano incontrando nel corso di questo manuale. Tra i segnali che possiamo interpretare come una sorta di campanelli di allarme delle bugie abbiamo le mani. Si и notato infatti che con cadenza molto regolare le persone che hanno detto una bugia tendono molto spesso ad utilizzare dei gesti con le mani abbastanza vistosi. Ma non abbiamo detto che gesticolare и del tutto normale, lecito e consigliato durante la comunicazione? Assolutamente si, ma nota bene che qui ci riferiamo al periodo che va direttamente dopo aver detto una bugia. Questo accade soprattutto quando la bugia che si sta dicendo non и studiata o premeditata ma piuttosto inventata nello stesso momento in cui si parla. Il cervello infatti risulta particolarmente impegnato nel creare una storia credibile che spesso non riesce a fare piщcose contemporaneamente come gesticolare e mantenere lo stesso tono di voce (scordiamoci del multitasking, che non esiste). Ne deduciamo quindi che gesti comuni che ci aspettiamo di vedere prima o durante un affermazione avvengono invece dopo senza un vero e proprio senso logico ma risultano spesso fuori contesto. Uno studio condotto in America esaminando oltre 500 filmati di casi giudiziari ha scoperto come coloro che mentono tendono a gesticolare in modo molto vistoso e soprattutto dopo aver esposto la loro testimonianza. Le percentuali parlano chiaro: le persone che gesticolano con entrambe le mani ed in modo piщvistoso sono quasi per il 50% mententi contro il 20% di coloro che tenevano dei movimenti piщ naturali e fluidi. Secondo recenti studi condotti dallo psicologo Tracey Brown, le persone che mentono oltre a modificare i propri gesti tendono anche ad allontanare i propri palmi delle mani dalla persona con cui stanno parlando come se in modo inconscio cercano di trattenere qualche informazione e non cercano di dire tutta la verita. Spesso, sotto pressione, la persona che mente puт essere tradita da alcuni segnali che il sistema nervoso invia sotto stress come il prurito che non fanno altro che rendere tutto il contesto piщagitato.

Si tende poi a mostrare altri comportamenti particolari come giocare con il piede o con i propri capelli nel momento in cui stiamo dicendo una bugia. Le bugie creano anche delle indicazioni facciali che non possono essere trascurate ma che diventano abbastanza difficili da cogliere in quanto meno scontate di quelle del nostro corpo. Spesso le persone che stanno provando a mentirci potrebbero fissare un punto relativamente distante o distogliere lo sguardo in un momento cruciale per la discussione. Un altro possibile segno и che muovano gli occhi mentre cercano di pensare a cosa dire dopo. Se sono i movimenti che dobbiamo prestare attenzione allo stesso tempo dobbiamo anche fare particolarmente attenzione allo sguardo fisso. Si и scoperto infatti che oltre il 50% delle persone che mentono tengono gli occhi fissi a guardare la persona. Qui potrebbe sembrare un leggere controsenso ma se rileggiamo notiamo una sottile differenza. Il contatto visivo incessante risulta, come visto in alcuni capitoli precedenti, non solo forzato ma anche fastidioso al contrario di quello che bisogna tenere in modo naturale quando comunichiamo. Prestiamo attenzione ai movimenti che effettuano gli occhi del nostro interlocutore che risulteranno quasi robotici o frenetici. Le persone che dicono bugie, inoltre, hanno maggiori probabilita di mordersi le labbra quando vengono loro fatte domande particolarmente sensibili. Anche il gesto di mordersi le labbra potrebbe significare che colui con cui stiamo conversando non ha serie intenzioni di impegnarsi nella conversazione o preferisce fare altro in quel momento. Mordersi le labbra infatti rientra in quei riflessi istintivi che che mettiamo in atto nel momento in cui non vogliamo parlare con qualcuno anche se, in alcuni casi, rappresenta anche un segnale di seduzione. Un segnale piщ debole e che molto spesso pochi mettono in atto rendendolo difficilmente riconoscibile и il “cambio di colore”. Hai mai notato che ci sono persone che diventano bianche come gesso quando iniziano a dire una parola? Questo potrebbe essere, come tutti quelli che abbiamo visto prima, uno dei tanti segni di falsita, in quanto segnale che il sangue scorre veloce dal viso. Quello che possiamo notare poi и anche una eccessiva sudorazione o secchezza della cute

soprattutto nella parte a T del viso (labbra mento e bocca). La secchezza si traduce in alcuni movimenti involontari e necessari come sbattere le palpebre in modo frequente o socchiudere leggermente le stesse mentre si comunica.
Oltre alla secchezza delle palpebre abbiamo poi la secchezza della bocca che porta a leccarsi le labbra o deglutire forte. Altra modifica la possiamo riscontrare nel tono di voce che come anticipato tende ad essere piщ acuto causa rigidita delle corde vocali dovuto al nervosismo della situazione e ne consegue che anche schiarirsi la voce, per far fronte quindi a questo disagio, и un metodo per smascherare coloro che sono disonesti. Anche un improvviso cambio di volume, quando le persone tendono ad alzare la voce, a volte sono piщ rumorose perchй sono piщ difensive e in guardia e spesso и dovuto ad uno stress dettato dalla bugia. Il contenuto del discorso resta poi un aspetto che non va trascurato quando cerchiamo di cogliere le vere intenzioni del nostro interlocutore.

Secondo gli esperti quando una persona cerca di convincerti della sua onesta con farsi del tipo "Voglio essere sincero con te" oppure "onestamente" o "lascia che ti dica la verita" possono essere segni da non prendere alla leggera. Un altro esempio sono frasi piene di parole come "cioи", "tipo" e "mm" dato che le persone tendono a usare di piщ queste parole quando stanno cercando di guadagnare tempo per capire cosa dire dopo. Terminata questa parentesi sulle menzogne e come riconoscerle possiamo passare ai capitoli successivi andando a fondo in tutte quelle situazioni in cui ci puт essere di aiuto il linguaggio non verbale. Bisogna perт precisare che anche per le menzogne non bisogna prendere tutto come una regola ma piuttosto con senso critico. I movimenti che consiglio di osservare sono del tutto involontari e non sono, come gia precisato, una regola standard dato che capire il linguaggio del corpo non и un qualcosa di standard ma va in ogni momento contestualizzato al meglio.

LA CULTURA NEL LINGUAGGIO DEL CORPO

Il linguaggio del corpo, come abbiamo potuto osservare in tutte queste pagine, costituisce la maggior parte piщ corposa della comunicazione non verbale: contatto visivo, gesti ed espressioni facciali possono trasmettere messaggi potenti che decifriamo per poter mettere in atto una comunicazione piщcompleta sotto tutti gli aspetti. Ci sono tuttavia alcuni aspetti che bisogna prendere in considerazione ed uno dei piщsingolari e pericolosi и il contesto culturale in cui ci troviamo a comunicare. Ci sono infatti sostanziali differenze culturali nel modo in cui le persone tendono ad utilizzare il loro corpo per comunicare. A volte queste differenze diventano alquanto ovvie mentre, in altri casi, и molto sottile se non impercettibile per coloro che non conoscono quella determinata cultura. Cercare di capire quello che vogliono dire le persone attraverso il linguaggio non verbale del corpo in movimento puт trasformarsi in alcuni casi in una vera e propria scommessa senza precedenti. Vi racconto una storia divertente del mio viaggio di nozze in Giappone e come ho toccato con mano la differenza culturale non solo nel linguaggio del corpo ma anche nel comportamento e nelle relazioni. Tralasciando il fatto che se siete in metropolitana noterete tantissime persone dormire ovunque, ma non persone che toccano la soglia di poverta ma piuttosto manager e persone apparentemente di successo in giacca e cravatta. Quello che sembrerebbe strano nel nostro paese in Giappone diventa un lustro dato che significa che la persona ha lavorato talmente tanto, ha aiutato cosмtanto il paese da essere stanca e nessuno si azzarda quindi a disturbarlo o guardarlo con aria scocciata e con giudizio. Mi иcapitato di chiedere informazioni sul tragitto della metro ad un Nipponico e questo, chiaramente nervoso ed imbarazzato, si guarda intorno per un pт e mi da delle indicazioni assurde. Solo dopo aver scoperto che quelle indicazioni sono sbagliate, cercando in rete, io e mia moglie abbiamo scoperto che in Giappone и maleducazione non rispondere o dire di non sapere qualcosa quindi, pur di non essere "maleducati" se chiedete qualcosa ad una persona di origini Giapponese questa pur di non dirvi che non sa rispondervi vi dira una bugia bella e buona. Questo aneddoto assurdo ma divertente vi fa capire come la cultura possono influenzare il contesto e le azioni delle persone che vivono in zona. Ritornando a noi, al nostro linguaggio del corpo, possiamo trovare delle differenze per nulla scontate nei vari aspetti che abbiamo ricalcato in precedenza. Per quanto riguarda le espressioni facciali, molte sembrano essere quasi universali e riconosciute in tutto il mondo. Secondo i ricercatori del Paul Ekman Group oltre il 90% delle espressioni facciali che definiamo come comuni o semplici sono state identificate da persone appartenenti a culture molto diverse. Questo tipo di "emozioni universali" sono accompagnate da diverse espressioni facciali che le rendono riconoscibili anche tra due persone di culture completamente diverse tra di loro. Prima fra tutte troviamo l'espressione della felicita che viene riconosciuta in tutto il modo in modo univoco: gli angoli della bocca tendono ad alzarsi in modo dolce creando un angolatura come mezzo ovale, le guance tendono a sollevarsi ed indurirsi ed infine i muscoli intorno agli occhi risultano tesi e si formano le cosiddette rughe della felicita. Per quanto riguarda invece la tristezza abbiamo l'abbassamento dell' angolo della bocca ed il rialzo della parte subito interna delle sopracciglia. Abbiamo poi anche altre emozioni standard che sono definite universali come lo stupore (bocca aperta e sopracciglia inarcate), la paura (stringendo le sopracciglia, spalancando gli occhi ed aprendo leggermente la bocca), il disgusto (sopracciglia abbassate, labbro sollevato e naso rugoso) ed infine quella che и considerata l'emozione piщabusata in tutto il mondo ed in ogni momento, la rabbia (abbassando le sopracciglia, occhi spalancati e labbra ben serrate). Un altro gesto molto discusso per quanto riguarda il linguaggio del corpo и la stretta di mano che risulta differente in base alla cultura del paese in cui ci troviamo in quel dato momento. La semplice stretta di mano puт variare molto da cultura a cultura con connotazione positiva o negativa che sia. La semplice stretta di mano risulta in genere abbastanza accettata come saluto ma и necessario variare la forza e la tipologia a seconda del luogo in cui siamo. Se ci troviamo in occidente, la cultura del luogo in genere percepisce una forte stretta di mano come segnale che la persona con cui stiamo parlando и autorevole e sicura di sй. Al contrario, in moltissime parti dell'Estremo Oriente, la stretta di mano viene percepita come un movimento aggressivo ed invadente per lo spazio personale dell'individuo e preferiscono di fatti inchinarsi.

Nella maggior parte dei paesi del Nord Europa, una rapida stretta di mano и la norma simbolo anche di buona educazione mentre in alcune parti dell'Europa meridionale, dell'America centrale e del sud America, una stretta di mano dovrebbe essere piщlunga, calda e spesso con la mano sinistra che tocca le mani incrociate. In Turchia invece una stretta di mano ferma и considerata maleducata ed aggressiva ed и preferibile evitarla. Nei paesi islamici la stretta di mano non и vista in modo malevolo tranne che in alcune situazioni che a noi sembra la normalita. Non и possibile infatti stringere la mano ad una donna a meno che non si trovi nel nostro contesto familiare. Salutare una donna con una stretta di mano quanto quest'ultima non appartiene al nostro nucleo familiare potrebbe essere visto come una grandissima offesa vista la cultura del luogo. Chiudendo la grossa parentesi delle strette di mano (и, come abbiamo potuto osservare, buona prassi informarsi sulle culture del luogo se stiamo facendo un viaggio o conosceremo delle persone che hanno culture diverse dalla nostra) possiamo passare invece ai gesti delle mani. Tendiamo ad utilizzare i gesti come una sorta di metodo rafforzativo per cercare di enfatizzare i punti che stiamo esponendo ed illustrare in modo piщ diretto ciт che stiamo cercando di esporre. I gesti delle mani possono significare cose molto diverse nelle diverse culture e moltissimi, hanno origine nella cultura occidentale dato che in oriente per la maggior parte si cerca di sopprimere la gestualita degli individui nella fase di comunicazione. Il gesto, o segno dell' "OK" (fatto creando un cerchio tra indice e pollice ed alzando le altre dita a cresta) in Grecia, Spagna, Brasile e soprattutto medio oriente significa che stiamo offendendo una persona o la stiamo salutando qualcuno in modo spiacevole. In Turchia poi и considerato un pesantissimo insulto nei confronti dei gay ed in generale della comunita omosessuale. Questo gesto и visto di buon occhio infatti solo in alcune delle culture europee e nella cultura americana dove rappresenta il simbolo di un lavoro ben fatto. Fare segno con l'indice di avvicinarsi, arricciandosi quindi ripetutamente, и un gesto molto utilizzato negli stati uniti ed in Europa anche se non и comunque ben visto in quest'ultima dato che assume aria di sfida e minaccia. Invece in Cina, Asia, Filippine etc. и considerato uno dei gesti piщ scortesi dato che in molte di queste culture и un gesto utilizzato con i cani per farli avvicinare. Usare questo gesto nelle Filippine potrebbe non solo farti vedere come un grandissimo maleducato ma potrebbe addirittura farti finire sotto arresto per comportamento non proprio in pubblico. Tieni fermo l'indice insomma. Estendere invece l'indice ed il mignolo viene considerato in molti paesi latini, Spagna ed Europa come un'offesa alla propria vita coniugale mentre in altre culture come quella americana o orientale indica delle famose squadre sportive nel primo caso ed un chiaro riferimento al demonio nel secondo. Possiamo affermare che questi gesti sono abbastanza forti e non passano inosservato e ci rendiamo conto di quello che stiamo facendo dato che non credo venga del tutto automatico fare il segno delle corna in pubblico, almeno lo spero. Quello che causa perт dei forti fraintendimenti и il contatto visivo dato che le differenti culture ci insegnano in che modo dobbiamo comportarci sin da piccoli ed и quindi difficile cambiare in poco tempo un comportamento automatico che portiamo avanti da diversi anni.

Nella quasi totalita dei paesi occidentali compresa l'Europa e quindi l'Italia, il contatto visivo и un segno di fiducia e attenzione alla conversazione che non puт che far bene alle relazioni se utilizzato nel giusto modo che abbiamo visto in precedenza. Le persone che sono cresciute con questa cultura infatti tendono a supporre che se qualcuno distoglie lo sguardo mentre stiamo parlando con loro, sono disinteressati ad ascoltare quello che stiamo dicendo e cercano qualcun altro con cui parlare o semplicemente un pretesto di distrazione per abbandonare la conversazione. In molti paesi come quelli del Medio Oriente, il contatto visivo esclusivamente tra due o piщ persone dello stesso genere tende a essere piщpesante e intenso rispetto a quello che consideriamo in occidente. In alcuni di questi paesi invece il contatto visivo che va ben oltre un innocente e breve sguardo tra i sessi и ritenuto inappropriato e scortese come in molti paesi asiatici e africani il contatto prolungato и aggressivo e conflittuale. Questo tipo di culture tendono ad essere abbastanza consapevoli dei ruoli della gerarchia e cercano di evitare il contatto visivo dato che и un segno di rispetto per i capi e gli anziani. In queste parti del mondo non и visto di buon occhio il fatto che i bambini possano guardare negli occhi un adulto che sta parlando con loro come non possono farlo nemmeno i dipendenti con i propri capi. I movimenti della testa non sono da trascurare e non passano in secondo piano quando si tratta di linguaggio non verbale e comunicazione del corpo. Un curioso esempio viene da alcune parti dell'india dove le persona tendono ad inclinare la testa da un lato all'altro per dimostrare che stanno ascoltando in modo attivo. Questo comportamento deriva dai tempi dell'occupazione britannica dove la popolazione autoctona aveva paura di fare un cenno di negazione con la testa e crearono questo movimento per dire di ascoltare in modo attivo ma senza rischiare di dire di no involontariamente ai conquistatori britannici, un classico esempio di come la colonizzazione abbia cambiato radicalmente la cultura nei luoghi soggetti all'occupazione. IL contatto fisico и poi un qualcosa che non puт per sua natura passare inosservato e le culture hanno quindi delle differenze sostanziali per quanto riguarda il comportamento da tenere. Il Nord Europa e l'Estremo Oriente sono classificati come delle culture di piena assenza di contatto infatti, anche urtare accidentalmente il braccio di qualcuno per strada merita delle scuse. Nel 2009 fece notizia il fatto che Michelle Obama infranse il protocollo abbracciando la regina durante una visita. Confrontando infatti le differenze di culture ci fu semplicemente un fraintendimento dato che il contatto visivo и fisico ben diversamente in America rispetto in Gran Bretagna soprattutto per le persone che rivestono cariche importanti come in primis la regina. In paesi arabi, gli uomini si tengono per mano e si baciano in segno di saluto, ma non farebbero mai lo stesso con una donna. In Corea del Sud, gli anziani possono toccare i giovani con forza quando provano ad attraversare una folla, ma i giovani non possono fare lo stesso con gli anziani dato che esiste una gerarchia. Infine, quello che potrebbe riguardare maggiormente la comunicazione verbale и il silenzio. Nonostante possa sembrare un vero e proprio vuoto nella comunicazione assume significati diversi nei disparati contesti culturali. Le culture occidentali tendono a considerare il silenzio come un problema a livello della comunicazione. Nelle nostre interazioni al lavoro, a scuola o nella vita quotidiana come con amici e familiari, il silenzio и scomodo ed inteso spesso come un segno di disattenzione o disinteresse verso l'argomento di cui la persona sta parlando. In altre culture invece, il silenzio non и visto come un qualcosa di negativo basti pensare in Cina dove lo stesso silenzio puт definire accordo e disponibilita ed in Giappone, il silenzio delle donne puт essere considerato un'espressione della femminilita. Altre differenze che dobbiamo tenere conto ma che non sono molto facili da spiegare per la cultura occidentale и il ruolo della donna nei paesi mussulmani ed islamici. Non stiamo a giudicare la cultura in alcun modo dato che non и un libro religioso o di differenze culturali ma и bene ricordare che alcuni movimenti che possiamo tenere con un uomo sono completamente inaccettabili con la donna come stringere la mano, contatto visivo prolungato etc. dato che a livello sociale, troviamo una fortissima differenza di genere.

PARLARE IL PUBBLICO

Posso tranquillamente affermare che in tutta la mia esperienza la maggior parte delle persone che avevano bisogno o semplicemente erano interessate a conoscere e padroneggiare il linguaggio del corpo, erano tutti interessati a parlare in pubblico. Ottenere questa abilita non и utile sono se siamo delle persone di successo pronte per lo speech dell'anno o se ci prepariamo ad essere degli oratori come politici, esperti ecc. Saper parlare in pubblico и un'arte che puт essere appresa con dedizione e studio ma che ci sara utile a 360 gradi nelle relazioni. Parlare in pubblico rientrera nei colloqui di lavoro, nello esprimere tra un gruppo di amici la propria opinione o semplicemente essere interrogato per un esame. Sono tutti casi in cui dobbiamo parlare in pubblico e conoscere come il corpo si comporta e come dovrebbe invece comportarsi ci fa partire con il piede giusto e ci indirizza sul binario corretto per poi sviluppare il rapporto con coloro che ci ascoltano (che in questo caso, come suggerisce il nome "parlare in pubblico, non ci riferiamo mai ad una singola persona ma sempre ad una moltitudine). Prendere la parola dinanzi ad un gruppo molto vasto di persone puт essere per molti che non sono abituati un'esperienza non solo per nulla piacevole ma anche una grande occasione di disagio e stress, senza considerare l'ansia che precede tale momento che letteralmente non ci fara dormire giorno e notte pensando all'ora che sta arrivando. Solo l'idea di tenere delle conferenze, presentare progetti in pubblico al proprio capo o, addirittura, incontrare dei nuovi colleghi, amici o qualsiasi cosa che ci porti a comunicare fuori dalla nostra zono di comfort, и spaventosa per tanti che restano completamente pietrificati, in panico e pieni di ansia nel momento in cui si ritrovano a prendere la parola quando tutti li osservano e ascoltano. Non riescono a comunicare quando sono al centro dell'attenzione. Questo problema riguarda non solo le persone inesperte ma anche i professionisti altamente qualificati e puт causare enormi problemi nella carriera e nella vita personale di una persona che cerca di raggiungere un determinato obiettivo. L'abilita di riuscire a parlare in pubblico и un fattore che permette di differenziare il singolo in qualsiasi tipo di professione ed и inoltre una delle skills essenziali di ogni leader di successo. Se vuoi essere uno di loro questa abilita diventa fondamentale e dovrai quindi acquisire la fiducia, il coraggio e l'intraprendenza nel riuscire a parlare in pubblico sfruttando il linguaggio del corpo a tuo vantaggio per veicolare nel migliore dei modi il messaggio che stai cercando di trasmettere. Quando parliamo in pubblico non ci limitiamo a veicolare emozioni e pensieri ad un vasto gruppo di persone tramite le parole, anche gli elementi non verbali del nostro linguaggio vanno ad influenzare in modo considerevole le sensazioni che sentiamo in quel dato momento. Quando abbiamo piena fiducia in noi stessi tendiamo in modo del tutto naturale ad assumere un tipo di postura e a fare alcuni tipi di gesti espansivi che saranno notati in modo automatico dal nostro cervello e dal cervello di chi ci sta ascoltando. Ciт che non tutti sanno e che non si capacitano ad ammettere и che possiamo sviluppare ed accrescere in modo considerevole la fiducia che abbiamo in noi stessi semplicemente assumendo intenzionalmente delle posture di potere che portano a cambiamenti reali e fisiologici nei livelli ormonali del nostro corpo ed impattano in modo positivo (o negativo) sulla nostra mente ed il nostro umore.Questi risultati derivano da una ricerca condotta da un gruppo di psicologi studenti dell'universita di Harvard e Columbia, tra le piщprestigiose del mondo. Via via che lo studio prendeva forma si sono tratte delle conclusioni attendibili sull'influenza del linguaggio del corpo nei rapporti umani. Uno dei ricercatori, Amy Cuddy, ha affermato che i nostri corpi cambiano le nostre menti e le nostre menti possono di conseguenza cambiare il nostro comportamento che andra a modificare in modo forzato il nostro destino attraverso le scelte che compiamo ogni giorno. Per riuscire a mettere da parte la vergogna e tutto il nervosismo che deriva dal parlare in pubblico il percorso ideale sarebbe quello di intraprendere un percorso con un esperto e sono molti coloro che mi chiedono di farlo. Essendo comunque il manuale sul linguaggio del corpo in generale e non sul parlare in pubblico, cercherт di mettere insieme i comportamenti che possono davvero far fare la svolta nel parlare in pubblico, una sorta di seminario rapido che consiglio comunque di approfondire se ciт che cerchi и la specializzazione in questo ambito. Internet sotto questo punto di vista rappresenta una vera e propria miniera dato che и pieno di risorse, blog o addirittura forum su questo argomento su cui sono stati scritti anche molti libri e creati molti corsi online e non. Seguire i suggerimenti di seguito in questo libro servira come una buona infarinatura per studiare, volendo, questa vera e propria arte del parlare in pubblico e creare il tuo stile. Uno dei primi consigli che posso darti и quello di immergerti in speech come quelli di TedX (molto in trend nel momento in cui scrivo questo libro), dato che molti di questi oratori sono assolutamente impeccabili e possiamo ispirarci a loro per migliorare la nostra stessa abilita.

Il primissimo consiglio che posso darti sul linguaggio del corpo in rapporto alla comunicazione in pubblico и quello di cercare in ogni momento di mantenere una postura eretta.
Bisogna stare dritto ma rilassato con le spalle allineate tra di loro e la testa leggermente sollevata che non deve guardare solo le prime file della stanza ma la platea in toto. Possiamo si riferirci per qualche momento alle prime file ma senza trascurare gli altri. Un buon punto di riferimento и guardare spesso al centro della platea dato che coinvolgera la maggior parte delle persone essendo un occhiata piщ generale. La postura mostrera al pubblico che ti ascolta che sei sicuro e a tuo agio nella situazione in cui ti trovi. Quando sei fermo, lascia i piedi sul pavimento leggermente divaricati per avere stabilita che ti aiuta a mantenere la postura corretta per tutto il tempo e ci mette in una buona situazione emotiva di controllo rilassando lo stress. Dobbiamo poi "affrontare il pubblico", posizionarsi in modo corretto mostra che sei motivato a parlare e hai qualcosa di importante da dire. Cogli l'occasione
per entrare in contatto visivo con la platea questo и importante perchй ci permette di dimostrare interesse per il pubblico che abbiamo di fronte e impegno nel trasmettere il contenuto che stiamo portando avanti. Quando non gesticoli, assicurati di assumere una postura calma e posizionarti in modo del tutto naturale. Lascia cadere le braccia leggermente rilassate tra la zona che va dalla vita e il petto. И importante che non ci siamo errori che potrebbero facilmente portare le persone a credere che non siamo bravi e non abbiamo nulla da dire. Gli errori che и bene evitare in una presentazione di qualsiasi tipo per comunicare in modo efficace sono molteplici e dobbiamo

prenderne coscienza prima di affrontarli. И importante evitare quelle posture e quei gesti che mostrano disagio da parte tua o provano in qualche modo ad attirare piщ attenzione di quello che stai comunicando a voce. Se stiamo spiegando qualcosa di importante ed iniziamo a muoverci come se stessimo ballando il cha cha cosa pensi che noterebbero maggiormente le persone in quel lasso di tempo? Quello che stai dicendo o dei movimenti del tutto fuori contesto? purtroppo sopravvalutiamo spesso le nostre facolta intellettive, il cervello a differenza di quello che pensi и facilmente confondibile e per quanto vogliamo non saremo in grado di fare due cose contemporaneamente.

Dobbiamo poi evitare in tutti i modi, per lo stesso motivo descritto sopra, le mani che tremano o gesti ripetitivi che non fanno altro che stancare e confondere il pubblico. I gesti dovrebbero essere sempre dei gesti naturali e armonizzati con le parole per non distogliere l'attenzione. Incrociare poi le braccia sul petto o appoggiare le mani sui fianchi sono tutte delle posture difensive tipiche di coloro che si sentono minacciati e sono chiusi al contatto con gli altri, cosa che non giova di certo alla comunicazione in pubblico. Sostenere le mani in vita poi, la cosiddetta postura Superman in precedenza, и buona come esercizio preparatorio e quindi preventivo per parlare in pubblico, poichй aumenta la fiducia in sй stessi ma, allo stesso tempo, dovrebbe essere evitata durante una presentazione o un discorso in pubblico in quanto trasmette arroganza e non ci fa entrare in vera empatia con il pubblico facendoci sembrare solo antipatici. Anche mettere le mani in tasca puг trasmettere una certa arroganza oppure nervosismo se lo facciamo durante una conversazione con qualcuno che non ci conosce nemmeno. Muoversi avanti e indietro, camminare velocemente e troppo spesso non fara altro che disturbare il pubblico e comunicare a tutti quanto sei impaziente di finire ed andartene. Anche se non corrisponde alla realta, potrebbe trasparire questo dal tuo linguaggio non verbale.

SEDUZIONE E PRIMO APPUNTAMENTO

Come abbiamo gia accennato dall'inizio del libro, il linguaggio del corpo aiuta a fortificare le relazioni che abbiamo con altre persone nei momenti e nei contesti piщ disparati e che hanno bisogno di una comunicazione efficiente. Uno dei contesti in cui saper comunicare ci mette davvero una marcia in piщ и il primo appuntamento o in generale la seduzione. Il gioco della seduzione и fatto al 100% di comunicazione, sbagliata e non, che riflette quindi le intenzioni e le azioni che la persona che abbiamo di fronte sta facendo o desidera fare. Leggendo i movimenti che il corpo esegue in modo involontario e non riesce a nascondere, possiamo capire molto della persona che abbiamo di fronte e ci pone di sicuro in una situazione di vantaggio rispetto a chi invece non и in grado di farlo. Proviamo ad immaginare un primo appuntamento nei dettagli e noteremo che ci sono un sacco di movimenti involontari e non che potrebbero anche essere bypassati ma che ognuno,o quasi, compie durante la seduzione. Nei primissimi incontri, invece di provare a decifrare e capire cosa prova la persona che hai di fronte se le tocchi "accidentalmente" il piede potresti semplicemente dire chiaro e tondo "Mi piaci tanto" ed essere quindi molto diretta con la comunicazione verbale. Invece di stare a vedere con la lente di ingrandimento se una ragazza gioca ed arriccia i suoi capelli come segnale che la tua presenza и gradita, o pensare per quale motivo ha dimenticato di pettinarsi al mattino o ancora si и presentata all'appuntamento in ritardo e molto scocciata, potresti semplicemente chiederle se le piaci. Tutto ciт potrebbe accadere in un mondo dove nessuno ha paura di esporsi ed i rapporti sono piщonesti. Sfortunatamente, o per fortuna con il senno di poi, i primi appuntamenti sono intesi come una specie di riti di passaggio anche per ogni storiella che non durera piщdi un aperitivo ed una passeggiata. Per fortuna colui che riesce a capire in modo anticipato i messaggi che il corpo sta comunicando ha una marcia in piщe riesce a capire meglio se una persona sta prendendo tempo o и realmente interessata. Ci sono dei segnali quasi universali che possiamo notare in una persona al primo appuntamento che ci possono far ben sperare o altri che invece sono un chiarissimo semaforo rosso. Quando una persona ti stringe la mano o si siede davanti a te, bisogna prestare attenzione e controllare che la persona che abbiamo di fronte sia realmente seduta di fronte a noi senza che ci sia un qualcosa che divide o che sia seduta leggermente defilata. Sedersi quasi di lato alla persona con cui stiamo parlando e, nel caso di una donna, mettere la borsa sul tavolo davanti all'interlocutore significa che non si fida e cerca di mettere distanza per scappare (anche se fatto in modo automatico e non voluto) e succede spesso quando non ci si conosce affatto. Se si tocca il braccio e stringe la mano al suo fianco non и solo educata ed impacciata, и un segno che possiamo iniziare alla grande dato che molto probabilmente prova qualcosa per noi.

Una volta che si siede se ti sta davvero di fronte tutto procede bene dato che questo и interpretato come segno di interesse non solo nella seduzione ma anche negli altri contesti sociali. Se abbiamo visto come possiamo vedere se siamo interessati a qualcuno dobbiamo anche vedere il caso opposto, come far capire che noi siamo interessati a qualcuno. Come possiamo quindi segnalare che siamo interessati utilizzando il solo linguaggio del corpo? Trovando delle occasioni per un contatto fisico (naturalmente leggero, moderato). Un metodo funzionale per inviare un segnale и quello dei tre tocchi al quarto. Dobbiamo cercare di inserire tre “tocchi” in 15 minuti all’interno della conversazione ed in modo che questi sembrino quanto piщ possibile naturali e quindi non forzati. Un buon modo per toccarlo, per quanto riguarda la seduzione dal punto di vista femminile, и l'abbraccio iniziale o la stretta di mano. Puoi poi nel caso toccare il suo orologio o la sua cravatta (nel caso di un'occasione formale si intende). Potresti toccargli il polso e dire: "Adoro questo orologio. Ti sta bene." Accogliere in modo favorevole questi contatti, d’altra parte, costruira un rapporto di fiducia in poco tempo e non fara sembrare all’altra persona che sta sbagliando qualcosa. Quando siamo ad un primo appuntamento con una persona che ci piace, pensare che quest’ultima incrocia le braccia per il semplice motivo che non gli piacciamo abbastanza e cerca di creare una sorta di barriera non и sempre vero. Questa non и altro che una delle tante credenze sul linguaggio del corpo messe in circolazione tramite la rete. Piuttosto che cercare di trovare un segnale universale vale la regola d’oro che abbiamo visto nei capitoli precedenti: il contesto. Se la persona con cui stai uscendo improvvisamente incrocia le braccia la prima cosa da fare non и andare nel panico ma piuttosto dovresti porti questa semplice e chiara domanda: "Sembra che sia o lo stia mettendo a disagio. C'и qualche motivo per cui potrebbe sentirsi in questa condizione scomoda?" Forse и semplicemente un postura che indica un: "Wow, mi piace molto questa ragazza. Sono davvero sorpreso." Forse и cosм sorpreso da quello che sta vedendo e da come sei che sta elaborando queste informazioni, il che non significa assolutamente che se una persona che la braccia incrociate sia un segnale negativo. Dobbiamo ricordare che quando si parla di seduzione ognuno di noi ha il suo ritmo, ognuno и diverso dagli altri. Cerca di farti quindi, in modo preventivo, un'idea della persona che hai davanti a te, prima di chiedere alcune cose personali su famiglia, lavoro ecc. Per potersi fare un'idea piщo meno chiara basta notare questi piccoli aspetti e movimenti che abbiamo descritto e cercare sempre di contestualizzare in modo efficace. Dobbiamo in ogni modo ricordare perт che sara molto difficile provare a capire le intenzioni di una persona che и indecisa e quindi poco chiara anche con se stessa. I movimenti e le parole che potrebbero sembrare abbastanza distaccati tra lor e non coordinati, spesso sono un segnale dell'indecisione della persona ma anche del disagio che prova in quel momento che non le permettono di esprimersi in modo chiaro e senza filtri cosa che ci mette in una situazione piщcomplicata da leggere ma che, gia riconoscerla, ci fa partire avvantaggiati.

IL LINGUAGGIO DEL CORPO DURANTE UN COLLOQUIO LAVORATIVO

Tra i momenti piщsignificativi nella vita c'и di sicuro quello della ricerca di un lavoro che, oggigiorno, и accompagnato come giusto che sia da un colloquio preventivo per permettere all'azienda di scegliere in modo funzionale il personale adatto a raggiungere lo scopo prefissato. Se sei un imprenditore o comunque non sei interessato a fare colloqui di lavoro queste skills che sto per spiegarti possono comunque tornarti molto utili nel caso in cui ti trovi in una situazione in cui sarai tu la persona gerarchicamente in difetto o quando dovrai convincere qualcuno in una posizione migliore a fare qualcosa o ancora semplicemente per capire il comportamento e le movenze da tenere in una data situazione simile a quella del colloquio di lavoro. Quella che dobbiamo in primissima analisi controllare minuziosamente come possiamo immaginare и la postura. Siediti al tuo posto in modo fermo e deciso e appoggia la schiena dritta ma non troppo rigida contro lo schienale della sedia. Questa semplicissima postura non и solo il modo corretto di sedersi per non danneggiare la schiena ma и inoltre un segnale automatico di sicurezza e fiducia in se stessi che и facile da attuare ed allenarsi. Se tendi in maniera naturale ad a creare una curva piщo meno accentuata con la schiena, fai finta che ci sia una corda che ti tira su dalla cima della testa come una sorta di burattino ed immagina che questa corda parti dal fondo della schiena per poi attraversare tutta la colonna vertebrale fino al soffitto. Questa immagine ci permette si di tenere la schiena in modo dritto ma anche di non sembrare troppo rigidi dato che ci potrebbe far sembrare troppo tesi ed andrebbe a danneggiare la nostra immagine ed in questo caso il modo in cui il nostro possibile futuro datore di lavoro ci vede. La postura и un semplice accorgimento per far partire con il piede giusto il colloquio di lavoro. Cerchiamo poi, oltre a mantenere una buona postura, di non scegliere il contatto visivo diretto prolungato ma preferire a quest'ultimo invece un contatto diretto con il viso e non direttamente con gli occhi. Un modo abbastanza efficace per sembrare interessato e impegnato alla situazione e a quello che sta dicendo il nostro interlocutore и quello di guardare diverse parti del viso di colui con il quale stiamo conversando ogni due secondi arrivando quindi a spostare lo sguardo dagli occhi, al naso, alle labbra, cosa che ci permettera quindi di non fissare in modo aggressivo gli occhi dell'interlocutore. Mentre parliamo non dobbiamo poi dimenticare un ulteriore aspetto importante: la gestualita. Se non sei sicuro di cosa fare con le nostre mani e non vogliamo risultare troppo espansivi dobbiamo ricordare che i gesti aiutano una sana conversazione ma fino a quando non sono esagerati. Nei momenti in cui ti senti abbastanza nervoso, tendi a nascondere le mani perchй involontariamente vanno ad esprimere la tua ansia. Potremmo quindi pensare di tenere nascoste ma, come possiamo immaginare a questo punto del libro, nascondere in modo evidente le mani puт essere interpretato, anche se in modo erroneo ed involontario, come un comportamento diffidente di una persona che non sta dicendo tutto o per lo meno non и sincera al cento per cento nella conversazione. Quando poi i palmi delle mani sono alzati, questo и un segnale automatico che sta a dimostrare onesta e impegno e sara quindi recepito come un di positivita, il che rendera confortevole “l'intervistatore” e contribuira alla creazione di un bel rapporto di fiducia anche se creato in poco tempo. Uno dei motivi per cui ci stringiamo la mano infatti и proprio per mostrare il palmo aperto ed и legato involontariamente agli istinti di sopravvivenza primordiali che abbiamo dentro di noi sin dagli albori. Involontariamente, se non vediamo gesti con il palmo delle mani aperto, questo ci mette in guardia. In generale infatti, e non solo per quanto riguarda il colloquio di lavoro, il linguaggio del corpo rivolto verso l'alto come i palmi

aperti, i sorrisi e la postura dritta ci fanno sembrare pieni di energia e positivita e quindi trasmettono le stesse emozioni che anche al nostro interlocutore facendolo sentire a sua volta bene grazie ai cosiddetti neuroni a specchio. И lo stesso principio che ci fa sbadigliare nel momento in cui vediamo che la persona di fronte a noi sta sbadigliando e cosмvia. Ricordiamo poi di tenere i piedi ben saldi a terra e non dovrebbero quasi mai incrociare le ginocchia ma essere liberi evitando che creino involontariamente una barriera. Se poi le gambe ed i piedi non sono in vista non esiste una vera e propria preferenza anche se incrociare le gambe va comunque ad intaccare la postura e risultera piщcomplicato mantenere il busto ben eretto e per piщ tempo. Mantenere i piedi ben saldi a terra non serve solo per la postura ma ci crea anche un tipo di vantaggio dato che non и impossibile, ma и di fatto abbastanza difficile, rispondere a delle domande molto complesse a meno che entrambi i piedi non siano a terra. In parole povere, i piedi ben saldi a terra possono aiutarti a passare dal pensiero creativo al pensiero razionale altamente complesso che и lo stesso che ci permette di

rispondere a domande che ci mettono in difficolta. Inoltre, i piedi a terra ci danno una sensazione di stabilita e controllo che ci rende piщ calmi. Lavoriamo poi anche sulla camminata, a meno che non sia un colloquio fatto da remoto in cui staremo gia seduti. I reclutatori, e quindi il tuo datore di lavoro, spesso decidono l'esito di un colloquio entro i primi 10 secondi dall'incontro e proprio come sembra, giudicano il libro dalla copertina. Anche il solo modo in cui entri nella stanza influenzera il giudizio che le persone ti daranno successivamente. Le spalle dovrebbero essere ben tirate indietro ed il collo tenuto in una posizione diritta ed allungata, ogni falcata dovrebbe essere ampia e decisa. Camminiamo a questo punto direttamente verso la persona che incontriamo con ogni parte
del corpo che punta nella sua direzione, cercando di mantenere il contatto visivo con
occasionali interruzioni, come descritto prima. Un modo abbastanza semplice per calmare i nervi durante i colloqui e non solo и quello di respirare correttamente. La respirazione profonda coinvolge la nostra reazione allo stress e all'ansia che proviamo in quel momento e ci permette di calmarci. И raccomandato fare 10 respiri profondi prima del colloquio dato che si и studiato che questo riduce la frequenza cardiaca e la pressione sanguigna con conseguente diminuzione di ansia e stress nelle occasioni che ci rendono nervosi. Annuire con la testa mentre si ascolta oltre a mantenere il contatto con gli occhi e il viso и un ulteriore modo per mostrare attenzione verso quello che ci sta dicendo il nostro intervistatore. Ogni tanto, ma nei momenti opportuni, cerca di annuire con la testa per far sapere loro che

sei interessato e che stai capendo quello che ti stanno dicendo. Nel caso di colloqui telefonici, se non si ha il vantaggio di un colloquio faccia a faccia, и consigliato alzarsi e fare due passi, in un luogo silenzioso naturalmente, durante un'intervista telefonica. Proprio come il movimento di piantare i piedi a terra, camminare anche senza una destinazione precisa aiuta a pensare in modo razionale rendendo piщ nitide le tue risposte. Molte menti brillanti come steve jobs hanno affermato di passeggiare in continuazione nel loro ufficio quando si trovavano in condizioni di stress e si dovevano concentrare velocemente per trovare una risposta adeguata alla situazione che stavano affrontando. Se si tratta invece di una videochiamata, non possiamo di certo camminare per la nostra stanza ma anche qui ci sono degli accorgimenti che possono darci un marcia in piщ Assicurati che la telecamera inquadri anche le tue mani: come abbiamo visto, i gesti sono parte integrante del linguaggio e possono fare la differenza tra una buona impressione o meno. Teniamo poi sempre la nostra postura e cerchiamo ove possibile di guardare il dispositivo che stiamo utilizzando. Se utilizziamo un pc, guardiamo spesso nella webcam mentre con il cellulare la fotocamera frontale. Anche se non ci sembrera di guardare negli occhi l'interlocutore, guardando la sua faccia sullo schermo, dall'altra parte, sembra che stiamo guardando altro e non и quindi funzionale.

NEGOZIARE UTILIZZANDO IL LINGUAGGIO DEL CORPO

Infine, una delle abilita che non dovremmo mai trascurare и quella della negoziazione. Imparare a negoziare non и solo un'abilita che ci da dei vantaggi in ambito commerciale ma anche una di quelle abilita che possiamo spendere in qualsiasi contesto ed и quindi estremamente vantaggiosa per in molti aspetti della vita quotidiana che tu stia vendendo una supercar ad una persona o al bar con gli amici per convincerli a fare una passeggiata dove vuoi tu. Come tutte le situazioni che abbiamo visto in precedenza, le parole della negoziazione devono essere sostenute da alcune azioni che accompagnano e rendono il tutto piщ credibile e, sotto un certo punto di vista, anche sensato. I movimenti che dobbiamo tenere nel momento in cui negoziamo con un'altra persona devono essere incentrati soprattutto alla creazione di un tipo di rapporto basato su apertura, onesta e fiducia verso l'altra persona. Solo raggiungendo un tale stato possiamo favorire la fiducia che a sua volta tendera quindi ad aumentare il desiderio dell'altra persona di reagire in modo collaborativo e raggiungere un accordo in cui entrambe le parti, o almeno cosм deve sembrare, siano contente di ciт che и stato deciso in modo autonomo. Secondo alcuni studi psicologici recenti condotti nell'universita del Minnesota, il linguaggio del corpo e le comunicazioni non verbali hanno un impatto maggiore rispetto alle parole che vengono espresse non solo nella vita e nelle situazioni di tutti i giorni ma soprattutto in una negoziazione. La maggior parte dei messaggi viene trasmesso direttamente attraverso segnali non verbali come i gesti e la postura ed inoltre tale linguaggio non verbale risulta essere un indicatore piщaccurato dei veri atteggiamenti e delle intenzioni di qualcuno rispetto al loro tono di voce o le loro parole. Essendo l'uomo un essere vivente composto da un cervello che funziona per lo piщin immagini, le persone quasi l'80% di probabilita in piщdi conservare alcune informazioni a patto che queste siano state comunicate in modo efficiente sia oralmente che visivamente. Mantenere quindi una posizione vantaggiosa durante le negoziazioni utilizzando il linguaggio del corpo per aumentare il tuo successo ed essere sempre un passo avanti agli altri.

Il primo appunto che dobbiamo avere sul comportamento in una negoziazione и quello di essere sempre puntuali. La prima impressione che la puntualita fa su un nuovo cliente, potenziale capo o concorrente si verifica prima di entrare nella stanza ed iniziare a pronunciare una singola parola. Essere in ritardo danneggia le nostre possibilita di successo durante la negoziazione in due modi precisi: и scortese e ci mette in una condizione di stress nei confronti dell'interlocutore.
Per prima cosa, и considerato scortese (se non addirittura offensivo) e sta ad indicare un tipo di incompetenza e mancanza di professionalita ed interesse da parte del ritardatario, rendendo l'altra parte irritata e con meno probabilita di voler raggiungere un accordo. Durante gli incontri politici infatti, spesso la persona in una situazione di vantaggio si fa attendere non solo per mettere alla prova la pazienza dell'interlocutore ma anche per dimostrare la sua importanza nel farsi attendere. Questo risulta, come possiamo immaginare, controproducente perт nelle negoziazioni dove la persona non deve sentirsi a disagio e deve invece stabilire un contatto che permettera poi di chiudere

l'accordo. In secondo luogo, l'essere in ritardo danneggia anche noi stessi e le nostre capacita comunicative. L'ansia dovuta all'essere in ritardo infatti, frantumera il comportamento calmo, concentrato e rilassato che dovrai avere se vuoi avere successo nella negoziazione stessa. In sintesi: devi essere puntuale. La tua abilita di riuscire ad imprimere un tono positivo per una negoziazione di successo si basa sul mantenere il controllo del linguaggio del corpo, ed avere un intuito particolare nel rispondere al linguaggio del corpo e ai segnali non verbali dei tuoi potenziali avversari prima di riuscire di fatto ad interagire con ciascuno di loro. Mantenere contatto visivo in modo amichevole и uno degli accorgimenti piщ efficaci e potenti di comunicazione tra due persone, poichй trasmette apertura, sincerita e fiducia. Evitare il contatto visivo in una trattativa al contrario impedisce lo sviluppo di un buon rapporto. Da all'altra persona la sensazione che tu disonesto ed avvolto da una sorta di mistero il che rende i negoziati molto difficili. Di contro, come abbiamo potuto notare nel capitolo dedicato al contatto visivo, il contatto visivo troppo prolungato e quindi eccessivo и cosмpotente che troppo puт diventare minaccioso e visto come intimidatorio.

Cerchiamo poi, in seconda analisi, di prendere coscienza delle espressioni facciali che teniamo durante il tempo del negoziato. Spesso infatti, le espressioni facciali risultano essere sgradite anche se involontarie e possono avere sull'esito
di una discussione un timbro molto negativo.

Chiunque sia stato in una relazione sentimentale potrebbe confermare quanto и fastidioso e controproducente quanto il partner ti interrompe e ti chiede il significato di quello sguardo. Con la giusta dose di autocritica dobbiamo capire in che modo

le espressioni facciali possono influire sulla discussione e cercare quindi di modificarle. Fai attenzione a non aggrottare le sopracciglia o la fronte in modo preoccupante e cogli l'occasione per sorridere e ogni qual volta sia possibile farlo.
Mantieni la calma e apri gli arti per trasmettere durante una negoziazione anche con il tuo corpo sensazioni positive che facciano sentire te ed il tuo interlocutore a proprio agio. Se ti tocchi costantemente le dita, tieni le mani intrecciate o le gambe incrociate segnalerai che sei in uno stato di stress, piuttosto che riflessivo. Mantieni le gambe rilassate in modo che rispecchiano i movimenti delle mani limitati all'espressione delle tue parole. Nessuno vuole parlare con qualcuno che sembra aver gia deciso e cerca quindi di evitare di incrociare le braccia e le gambe e mantieni una certa distanza tra gli arti e le mani per dare l'impressione di mentalita aperta e pronto ad ascoltare i punti di vista degli altri. Le mani sono incredibilmente utili e possono aggiungere molto alla tua comunicazione. Durante la negoziazione, la regola generale и quella di tenere le mani lontane dal viso. Strofinarsi il viso o la testa и generalmente visto come un sintomo di ansia e l'ultima qualita con cui vuoi apparire и l'essere ansioso. Avere le mani sulla bocca o gli occhi indica che potresti avere l'interesse di nasconderti o mentire dato che non sei onesto nella conversazione e quindi ne consegue che stai cercando solo il tuo personale interesse. Appari invece molto рiщ sicuro e sincero semplicemente tenendo le mani lontane dal viso.
Tutti al di la dalla situazione, vogliono sentire che il loro punto di vista che hanno appena espresso sia stato ascoltato e considerato prima di aver elaborato una risposta. Lo stress della negoziazione ci porta tuttavia a combinare l'eccessiva

eccitazione, pur renderti nervoso e ti fara affrettare la risposta facendo quasi capire all'altra persona che non sei interessato al suo punto di vista. Ascolta, dai tempo all'altra persona e fermati un attimo per dimostrare che stai pensando a quello che hanno detto. Questo trasmette rispetto e fiducia nella tua posizione ed in quella del tuo interlocutore. Non aver paura quindi in alcun caso di tacere per un breve periodo.

CONCLUSIONI

Se dovessi lasciarti con un ultimissimo consiglio sullo studio del linguaggio non verbale ti direi che questo non и mai stato e mai sara una scienza esatta ma si adatta in continuo alla situazione in cui ci troviamo. Studia, formati ma soprattutto aguzza l'ingegno e coltiva l'intuito dato che sara il tuo piщgrande alleato nel leggere la mente degli altri e nel creare il tuo stile comunicativo non verbale efficace.

Autore: Mariano Dentice - Copertina: Spidphone
Immagini di copertina: freepik

CREDI SIA POSSIBILE CAPIRE GLI ALTRI PRIM[illegible] PAROLA?
E LEGGERE LA LORO MENTE IN SOLI POCHI SE[illegible]

La risposta ad entrambe le domande è "SI" e [illegible] linguaggio del corpo!

Nei rapporti con gli altri, quando comunichiamo, pensiamo che l'aspetto più importante siano le parole che vengono dette e quindi il linguaggio verbale ma, non esiste credenza più sbagliata.

Come emerge dagli studi dell'Università della California, si può ricondurre alle parole solo il 30% di importanza all interno della conversazione.

Ma quindi, cosa rappresenta il restante 70%?

Ebbene è stato scoperto che nella conversazione i movimenti, la postura ed in generale il nostro corpo svolgono un ruolo fondamentale per veicolare il messaggio.

Oltre a potenziare la nostra di comunicazione, il corpo ci permette anche di leggere nella mente delle altre persone e scoprire se ci stanno mentendo e quali sono le loro reali intenzioni.

Se cerchi la reale svolta nei tuoi rapporti e nella comunicazione, sei nel posto giusto!

Con LINGUAGGIO DEL CORPO di MARIANO DENTICE imparerai:

- Come leggere la mente degli altri in pochi secondi
- Scoprire subito se una persona ci sta mentendo
- Come si utilizza il linguaggio del corpo in pubblico, durante i colloqui, in amore ed in tantissime altre occasioni
- Come si suddividono i segnali del corpo e come riconoscerli
- Come utilizzare il linguaggio del corpo per aumentare la fiducia in noi stessi
- E tanto altro ancora

Le pagine di questo manuale rappresentano un vero e proprio corso intensivo che ti porterà dalla teoria alla pratica fino a farti diventare un vero e proprio esperto del linguaggio del corpo in una sola settimana.

Copertina: Spidphone
Immagini di copertina: freepik.com

ISBN 9798366676793
90000
9 798366 676793

Meg Kennedy Dugan
Roger R. Hock

Neu anfangen

nach einer Misshandlungsbeziehung

2., überarbeitete Auflage

hogrefe